終活ニュービジネスで年収1000万円

福祉で稼ぐ！

社会福祉士
NPO法人二十四の瞳
山崎 宏

WAVE出版

はじめに

突然ですが……。

・理不尽な上司に命ぜられ、納得いかぬままに動いてはいませんか？
・会社都合ではなく、本当にお客様のために善かれと思える仕事ができていますか？
・人が敷いたレールをひらすら走り続けて疲弊するのはもうおしまいにしませんか？
・締め日前や月末月初の過剰な残業が当たり前のようになっていませんか？
・キャリアアップやプライベートの充実について、考えるゆとりがありますか？
・いいかげん、もう時間に追われる生活は断ち切りたいと思いませんか？
・あれだけ身を粉にして働いて、全業界最低の賃金で満足なのですか？
・現在の職場では、勤続年数に応じてきちんと昇給が見込めますか？
・介護保険制度の枠のなかで働いているかぎり、世間一般の「ふつうの幸せ」を手にできないことに、もう気づいているのではありませんか？

そして……。

これから先も……、まだオムツを換え続けますか？
介護現場で働く人たちは、重労働からくる身体的ストレスの他に、組織に属することによるストレス、時間に追われることによるストレス、納得のいく収入が得られないことによるストレスを抱えています。何かのきっかけでこの道を目指した人たちが、いとも簡単にギブアップしてしまう、いや、せざるを得ない土壌が、現在の介護現場にはあるようです。

でも、これらをすべてクリアできるとしたらどうでしょう。

この本では、現在のストレスまみれの状態から脱出して、仕事人生をハッピーにする方法「スマートウェルネスコンシェルジュ（以下、ＳＷＣ）という生き方」について具体的に書いていきます。

ＳＷＣをひとことで言うならば、ローリスクハイリターンの終活ニュービジネスです。すでに要介護状態に陥ってしまった人たちではなく、アクティブシニアの段階から信頼関係を築き、彼らがエンディングを迎えるまでのさまざまな課題を具体的に解決して差し上げる……。

それがＳＷＣの仕事です。

ＳＷＣならひとり起業も可能です。

ＳＷＣなら残業という概念はありません。

時間は自分でコントロールできます。

事務所がなくても構いません。

現在の仕事を続けながらの週末起業も可能です。

ＳＷＣなら収入には上限がありません。

提供したサービスに応じた報酬が得られます。


地域に貢献して感謝されながら、やりがいと然るべき報酬を手にすることのできる人生。

それが終活ニュービジネス、ＳＷＣです。

そしてもちろん、あなたもそれを手にできます。


これから蜘蛛《くも》の糸を垂らします。

一本の微かな蜘蛛の糸に、どうしても気づいてほしい人がいます。

来る日も来る日も身を削る思いで過酷な仕事に取り組みながらも、満足のいく収入を得られなくて明るい未来を描けずにいる介護現場のみなさん。そして、これから福祉の世界に足を踏み入れようとしている学生や転職志望のみなさん。

他にも、携帯ショップや飲食店などのサービス業で働いていて、接遇に自信のあるみなさん。そして、自分が生まれ育った街で地域の役に立ち感謝されながら、それに見合ったおカネを手にしたいとお思いのみなさん。

是非、蜘蛛の糸に手を伸ばしてください。

既成の価値観にとらわれることなく、肩の力を抜いて、自由な発想でこの糸をたぐり寄せてください。バラ色の世界への扉がみなさんを待っています。

ワンランク上のプロを目指す、向上心あふれるみなさん。

チャンスをつかむのは、あなたのその手です。

さあ、未来を変えましょう。

Now get the chance !

CONTENTS

目次

パート2　ゴールセット編

パート3　スキルセット編

装丁・デザイン 武田夕子
校正 小倉優子

福祉で稼ぐ!

パート1
マインドセット編

ナイチンゲールとマザー・テレサ

ナイチンゲールにマザー・テレサ。世界中で知らない人はいない、偉大なる女性たちですよね。世のため人のため、とりわけ、社会的に弱い立場の人たちに奉仕した彼女たち。日本でも、子どもの頃に彼女らの伝記を読んだ影響で、看護や福祉の仕事に就く女性が大勢います。

ところで、このふたりにはひとつの共通点があるのですが、わかりますか? 答えは……、彼女たちが、いずれも裕福な家庭に生まれたということなんです。つまり、生まれつき多くのものを与えられた彼女たちが、成長するに連れて慈悲や救済のこころが芽生えてきて、今度は与える側になっていったわけです。伝記のなかでは、家族や親戚から、「なんでわざわざそんな仕事をするんだ」とか、「お願いだから、そんな仕事はやめてちょうだい」などと反対される場面が描かれています。

ひるがえって、現在の日本で、彼女たちの献身的な想いを引き継いで仕事をしているのは誰になるのかな~って考えてみると、真っ先に浮かぶのが介護職のみなさんなんですよね。でも、介護も含めた福祉系の仕事に就いている人たちの９割は、どちらかと言うと、裕福とは言えない家庭に生まれ育ってきているのだそうです。これって、どう解釈すればいいと思います？

３Ｋ職場（キツい、臭い（汚い）、給料やすい）とか言われる介護現場ですが、福祉業界の待遇は最悪です。少女時代にマザー・テレサの伝記を読んで福祉の世界を志した人たちが、頑張って資格まで取ってデビューした人たちが、いつしか理想と現実のはざまで傷ついて、こころを折って燃えつきて、そして去っていきます。かろうじて仕事を続けている人たちも、明るい未来を描けぬままに、悶々とした日々に流されています。

この本を書くことを決意した理由がここにあります。夢と希望に満ち満ちて福祉の世界の扉を叩いたにもかかわらず、「こんなはずじゃなかった……」と落ち込んでいるそんな人たちに、たった一度しかない人生の流れを変えるためのオファーをしたくって、これを書いています。

胸に手を当てて、自分のこころの声を聴いてみてください。

今のあなたは、幸せですか？

夢見ていたものを手にできましたか？
今の仕事や職場にやりがいを感じていますか？
先行きに不安はないですか？
本当に今のままでいいのですか？
今のあなたは、あの頃なりたかったあなたですか？

もしも、迷うことなく「イエス」と言えないのであれば、この本を読んでいただくことで、バラ色の未来を手にすることができるかもしれません。これまでの経験や資格を活かしながら、別のステージに立てる可能性が出てきます。あなたの人生の流れが変わります。例えば、「即効で年収1億円」とは言いませんが、「まずは1千万円」。それくらいなら何も問題ありません。

どうですか？　この話に乗ってみる気になりましたか？

どうか、だまされたと思って、読んでみてください。そして、リトル・インフィニティ　～小さな可能性無限大～　を手にするはじめの一歩を、さあ、踏み出しましょう！

社会の真実

さて、世の中には二通りの人がいます。稼げる人と稼げない人です。でも、この表現にはちょっと嘘があります。世の中には、市場規模とか国家予算とかいうものがあります。要は、全体のパイは限られていて、私たちはそれを奪いあって毎日を生きている……。そういうことです。敗者がいるから勝者がいます。勝者は敗者の犠牲の上に、良い思いができるということです。成功は失敗者の犠牲があってこそ手に入るのです。この理屈からいくと、冒頭の「稼げる人と稼げない人」はこうなります。

世の中には、稼ぐ人と貢ぐ人がいる。

もしもあなたが、他人を犠牲にしてまで稼ぎたくないというのであれば、今の暮らしを脱出してワンランク上のステージにいくのはむずかしいと思います。でも、この本で提案する方法論は詐欺やペテンではありません。人から感謝される仕事です。相手が納得してあなたにお金を払うのです。その意味で、「他人を犠牲にして」というのは当てはまりません。極論を言ったまでです。

極論ついでに言っちゃうと、世の中には、搾取《さくしゅ》する人と搾取される人がいます。わかりやすい例が、保険や年金がそうです。国は私たちから、有無を言わさず、毎月何万円ものお金を引っ剥がしていきます。

医者嫌いの私は、物心ついた時から病医院の世話にはなっていません。虫歯になったって歯医者にも行かないくらいです。それでも無条件に、口座からお金が引き落とされるのです。

年金だってそうです。実質的には国の社会保障財政は破綻していて、私たちの世代は年金なんて貰えなくなるかもしれません。だというのに、汗水流して働いて手にした収入から、いかなる事情をも考慮されることなく、無条件に先取りされてしまうのです。

保険と年金をあわせたら、年間で100万円以上にもなるんですよ。年老いてからの年金受給など放棄しますから、どうか20歳の時から積み立ててきた年金をすべて返してください。こころの底からそう願います。そう叫びたいくらいです。本当にこんな制度はなくしてほしい。これ、私の本音です。明日どうなるかわからないというのに、遠い先の老後の備えなんかよりも、今のおカネのほうが大切なんです。みなさんは、そう思いませんか？

話を戻しますね。まちがいなく言えるのは、できることなら、搾取される側よりも、搾取する側になったほうがいい。そうでしょう？　ならばどうするか？　いちばん手っとり早い方法をお教えしましょう。

みなさんの会社のなかを見てください。いろいろな部署がありますよね。また、同じ部署のなかでも、いろいろな役割の人がいるはずです。でも、すべての社員は二通りに分けることができます。それは、「プランする人とドゥする人」です。ルールを決める人と、そのルールに則って動く人。レールを敷く人と、そのレールの上をひたすら走る人。

そして重要なのは、稼ぐ人、搾取する人というのは、まちがいなくプランやルールやレールを作る側にいるということです。介護の会社で言えば、ヘルパーよりもケアマネ、介護福祉士よりも社会福祉士、運営部門よりも企画部門、現場部門よりも本社部門ということになります。

ともあれ、まずは頭にインプットしておきましょう。世の中には、稼ぐ人と貢ぐ人がいる。搾取する人と搾取される人がいる。プランする人とドゥする人がいる。これ、社会の真実です。で、とにもかくにも、後者ではなく前者になることを意識すること。この点をしっかりと頭の（片隅ではなく）ど真ん中に刻んでおいてください。

アナタの真実

社会の真実をお伝えしたあとは、今度はあなた自身の真実を見極めておきましょう。要するに、現状分析です。

2015年の秋に、神奈川県川崎市で、Sアミーユ入居者連続殺人事件が起こりました。翌年の夏には、同じく相模原市で、やまゆり園大量殺傷事件というのがありました。横浜では、わずか3カ月の間に50人もの患者さんが不審死を遂げた大口病院事件もありました。こうした社会的弱者を虐殺する事件が起きるたびに、そこで働く人たちのこころが危うくなっていきます。

実は私どもでは、アミーユ事件の直後から、福祉の世界で働く専門職を対象に、毎月10人ずつに聞き取り調査をしてきたんです。食事をしながら、事件に対する率直な感想や、福祉現場の課題などを本音で語ってもらいました。

合計１００人の調査結果を集計してみると、実に興味深い、真実が見えてきました。もっとも驚いたのが、フリーコメントにもかかわらず、**「自分が加害者になる前に仕事を辞めたい」**と言った人が28人もいたことです。

いいですか。あらかじめ用意した選択肢ではないんですよ。自由に感想を述べてもらうなかで、異口同音に、自分が加害者になる可能性を語ったという事実。そこに、当事者以外には計り知れない福祉現場の過酷さを感ぜずにはいられません。

また、お客様である入所者からこんなことを言われて傷ついた、というエピソードも語ってくれました。

「よくこんなバッチイ仕事をやってられるな。あんたの親は一体どう思ってんだろうね。大切に育ててもらえなかったんだなぁ。ああ、かわいそう、かわいそう」

「別のヘルパーがあんたのことを使えないって嘆いてたよ。何度もおんなじ失敗をするんだって？　それをあたしに言われたってねぇ。あんな先輩がいたらイヤだろうねぇ」

「おい、もっと丁寧な仕事ができないのか。こっちはお客なんだぞ。ったく、どうしようもないな、ヘルパーってぇのは。きっとろくに勉強もしてこなかったんだろ？」

「うちの娘は気立てがよくってねぇ。お金持ちの家の御曹司に頼むから嫁に来てくれって日参されて。目黒の一等地のこ～んな立派なお屋敷で暮らしてるよ。それを考えたら、あなたたちはつらいわねぇ。本当に気の毒よねぇ～。おほほほほ」

「来るのが遅い！　何分待たせるんだ！　まず謝れ。どうしてすぐに駆けつけなかったのか訳を言え。説明責任ってぇのがあるんだ。そんなことも知らんのか、ヘルパーは！」

「ほうら、出ちゃったよ。来るのが遅いからさぁ～（そう言って、オムツ交換時に、便を手ですくって介護職にこすりつけてくる）」

「ああ、死にたい死にたい。生きてたってイヤなことばっかだ。いっそ死にたいよ。殺してくれよぉ。あんただって、こんなババア、死んでほしいと思ってんだろ！　顔に書いてあるよ。ったく、こんちきしょう」

他にも、「イエス・ノー」の二択形式の質問では、以下のような結果が出ています。

正直、驚きました。よくぞ本音を答えてくれたと思います。予想をはるかに超えるネガティブな数字でした。これはもう、非常ベルが鳴っているような状況です。そこで働く8割もの人が、「できればやりたくない」と思いながら日々の仕事に向き合っているんですよ。これはちょっと恐いです。そう思いませんか？

質　問	YES	NO
憎らしいと思う高齢者（お客様）がいますか？	72%	28%
今の待遇は妥当だと思いますか？	20%	80%
5年後、まだ今の仕事をしていたいですか？	23%	77%
10年後の幸せな暮らしをイメージできますか？	27%	73%
生まれ変わったとしたら、また、今の仕事に就きたいですか？	18%	82%
あなたの子どもに、あなたと同じ仕事をさせたいですか？	15%	85%

触れたくない仮説

また、現在の仕事および職場に係る最大の問題は、①人間関係（40％）②先行き不安（29％）③上司不信（18％）でした。ボトルネックをひとつだけ選んでもらったのですが、ほぼ全員がこの3つをすべて指摘していました。逆に、仕事そのものがボトルネックであるというコメントは10％程度でした。

あなたはどうですか？　今の仕事や職場に満足していますか？　明るい未来を描けますか？　いずれにせよ、福祉や介護の現場が尋常ではないことはまちがいありません。

あなたには、非常ベルが聞こえますか？

さて、ここでもうひとつ、深く考えるべき調査結果をご紹介します。ま、参考までに……ですが。これは、元気な後期高齢者100人に訊いたエンディングについてのアンケート結果です。

これはこれで、言葉が出なくなりますよね。でも、冷静に考えてみれば十分に理解できる数字です。私だって、胃ろうも含めて断固延命治療拒絶派ですし、自力で排泄ができなくなったら山奥にフェイドアウトすることを宣言しているくらいですからね。やはり、ほとんどの人にとって、排泄が尊厳のさいごの砦なのだと思います。

ということで、これらの結果からひとつの仮説が浮きあがってきます。つまり、本当は「こんな仕事はやりたくない」と思っている人たちが、本当は「そんな状態になってまで生き永らえたくない」と思っている人たちにサービスを提供している世界。もしかすると、それが福祉や介護の世界なのかもしれないということです。そして、今の日本では、そういう分野に莫大なおカネが使わ

質　問	YES	NO
寝たきりになっても生き永らえたいですか?	47%	53%
意思の疎通が取れなくなっても生き永らえたいですか?	27%	73%
自分の口でモノを食べられなくなっても生き永らえたいですか?	22%	78%
子どもの顔がわからなくなっても生き永らえたいですか?	31%	69%
認知症で問題行動を取るようになっても生き永らえたいですか?	28%	72%
ひとりで排泄ができなくなっても生き永らえたいですか?	8%	92%

れている……。そういうことになります。だとすれば、尊厳死法案のようなものが取り沙汰される日が来そうな予感がしてきます。

キミ絶望することなかれ

ここまで見てきたように、何かのきっかけで福祉の世界を志し、専門資格まで取得したにもかかわらず、いざ現場デビューしてみたら、「こんなはずじゃなかった……」と失意の底にいる人たちがいかに多いことか。

私自身、介護保険制度がスタートした直後に、通信教育で「社会福祉士」なる国家資格を取得したのですが……。社会福祉士がここまで世間的に認知されていないとは思いませんでした（笑）。親戚のおばさんから「ええっ、あなた、オムツ交換とかヤルの？　かわいそう」と言われた時は、本当にズッコケたものでした。

事実、当時、一緒にスクーリングをし、共に国家試験に合格した仲間たちのその後は、あんなに難しい試験をクリアしたというのに、残念な状況です。彼らから聞こえてくるのは、こんなネガティブな声ばかりです。

- 一般の人たちは「社会福祉士」についてまったく知らない。情けないくらい、知らない。
- 職場および仕事内容に、やりがいが感じられない。こんなはずじゃなかった……。
- 病医院や介護施設においては、「医療が上、福祉が下」という構図は払拭されておらず、社会福祉士が医療系の一般職員にまで指示されて動いているケースがかなりある。
- 利用者の生活の質を高めるために必要なサービスを調達・編集して提供するという社会福祉士本来の役割を果たせずにいる。
- 年収３５０万円では、家も持てなきゃ、子どもも産めない。

社会福祉士のあいだでも、やはり、「こんなはずじゃなかった」という「あとの祭り」状態は同様なのです。

かなり古いのですが、日本社会福祉士会が10年ほど前に行った調査結果によると、社会福祉士の年収は、以下のようになっています。

つまり、８割以上の社会福祉士は年収６００万円にも届かないのが実態であり、６割の社会福祉士は４００万円にも満たないわけです。月給にすると、社会保険料等が天引きされて25万円程度ということになります。これは、開業医の約８分の1、勤務医の４分の1でしかありません。

悲惨……。

オー・マイ・ガァ～ッ、です。

月々の手取りが25万円ということは、一部上場企業に勤めるＯＬと同等ということになりま

【社会福祉士の年収（2007年）】

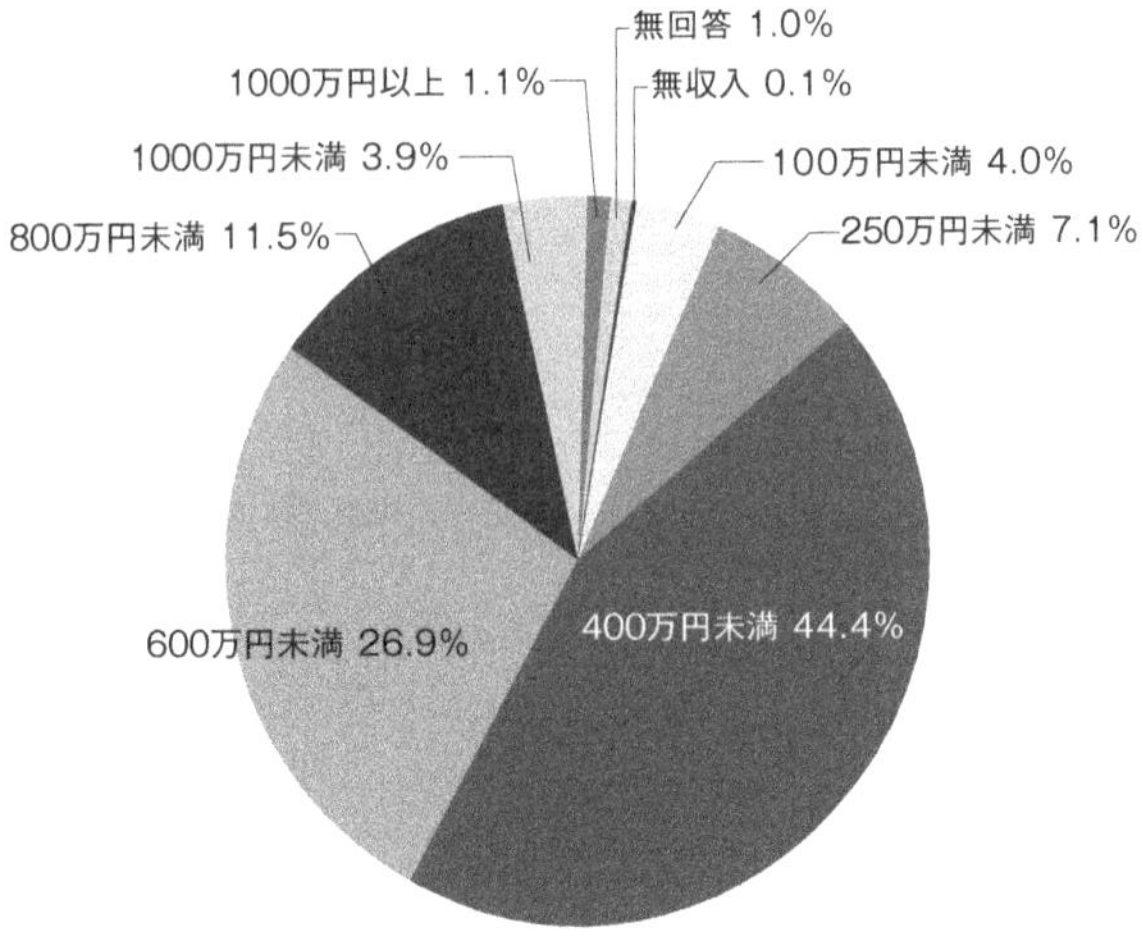

す。この金額じゃ、少なくとも妻子（あるいは夫子）を養っていくのは困難でしょう。福祉系の他の資格であれば、状況はさらに厳しくなるはずです。超高齢社会を支える存在であるはずの専門職の人たちがこんな状況でいいのでしょうか？　いいはずがないっしょ！

しかし、です。総じて収入の少ない福祉や介護の世界ですが、ごく一握りですが例外もあるのです。先の数字をよぉ〜く見てください。コンマ1％ながら、年収1千万円の人たちがいるのです。

もちろん、この人たちは、介護現場でオムツ交換をしてはいません。きっとレールを敷くほうの仕事をしているはずです。逆に、例外の人たちが敷いたレールの上をひたすら走り続けている人たちは、年収300万円前後をうろちょろしているのです。この差をどう感じるか、です。

おそらく、この本を読んでくださっているみなさんは、この差を埋めたいと思っている人たちがほとんどだと思います。なので、ここでハッキリと言っておきます。

大丈夫。絶望なんてする必要はないと。

絶望のすぐとなりには希望が佇《たたず》んでいます。ただ、希望というのは奥ゆかしいので、待っているだけではダメなのです。向こうからは歩いてこないし、声もかけては来ないのです。まずはこちらから動くことです。動くことで、まわりの風と光を変えるのです。

そして、「動く」ということをもう少し具体的に言えば、あなたがいま置かれている残念な状況を、一刻も早く脱出することです。今の仕事や職場から逃げることです。戦わずに退散するのも、立派な戦略です。

さてどうする？

もしも現在の勤務先が、ある程度きちんとした人事評価や人材育成の制度が整っているとしたら、上司に異動の申し入れをしてみるのがいいでしょう。なにも定期面談の時まで待つ必要はありません。思い立ったが吉日です。

その際には、例えば、現場一辺倒できたあなたが、なぜ本部で働きたいのか。具体的に何がしたいのか。あるいは、何ができるのか。それが会社全体にとってどんな意味があるのか。これらを情報武装して会社に申し入れることです。

会社はもちろん、上司でさえ、あなたがどのような部署で、どのような仕事をしたいのか。いかなるスキルや経験を持っているのか、気づいてない場合があるものです。ですから、こういった形で会社に貢献したいのだと、会社の発展のために提案をしてあげるのです。

医療や福祉の世界では、こうした光景はあまり見かけないかもしれません。ですが、一般の企業であれば日常茶飯事です。そして、自分の構想をまとめて提案してくるような部下は、プラスの評価をしてもらえる確率が高いものです。

環境の奴隷に成り下がらず、臆することなく、あなたの考えや希望を言葉にして表現することです。あなたから動くことで、新しい風が吹く可能性がうまれてくるのです。

「人間にとって、憎まなければならない狂気とは何だろう。それは、あるがままの人生に折り合いをつけてしまって、あるべき姿のために闘わないことだ」とは、ラ・マンチャの騎士、ドン・キホーテの台詞です。

つぎの選択肢は、転職です。別の会社のキャリア採用に応募するのです。大切なのは、あなたが具体的に取り組みたいことを、どこの会社を舞台にして実現したいのか。それをあなたが決めることです。応募する時期とか、先方が中途採用をしているとかしていないとかは、いっさい関係ありません。あなたの都合でアプローチすればいいだけの話です。

今の時代、いつ何時でも、企業は優れた人材を欲しているものです。ホームページ上では人材募集について告知していなかったとしても、です。こういうのを潜在需要アプローチと言います。あなた自身が本当に働きたい企業に対して、ためらうことなく提案してみることです。

超高齢化の波のなかで、どこの企業であってもシニア戦略は避けて通れません。シニアの老後の課題に精通しているみなさんです。さらにその先の、要介護からエンディングまでのニーズを知り尽くしていて、実際にサポートしてきたみなさんです。

ならば、そうした経験やノウハウやネットワークを駆使して新しいサービスアイデアをいろいろと描けるはずでしょう？　それをそのまんま、「こんなシニア戦略、御社はご興味ありませんか？」と持ちかければいいのです。

なぁに、ダメでもともとです。失うものは何もありません。いけしゃあしゃあとアプローチすればいいのです。いいですか？　ボールはあなたの手中にあります。主導権はあなたにあるのです。

そうそう。ひとつだけ気をつけてほしいことがあります。それは、つぎの仕事が決まる前に現在の職場に辞表を出さないことです。今の仕事を続けながら、何とか時間をやりくりして転職活動をすることです。必須のリスクマネジメントです。誤解を恐れずに言うならば、福祉の世界には「バカ」がつくほど正直な人もいるので老婆心ながら念押ししておきます。そこだけはまちがえないようにしてください！

告白 ―私が社会福祉士を目指した不純な動機―

ネガティブな状況を変えるさいごの選択肢が独立起業です。これが読者のみなさんへのスペシャルオファーです。でもその前に、少し私自身の経験をお話ししたいと思います。ワンランク上のステージを目指すみなさんの、意識づけの一助になるかもしれません。

外資系のコンピューター会社で15年間を過ごし、バブル崩壊の流れのなかで早期退職優遇制度を利用したのが37歳の時でした。ちょうど介護保険スタート前夜のことです。

私が社会人デビューしたのはバブル景気の真っ只中で、同期入社がなんと1500人もいました。それはそれはハッピーな数年間を過ごしましたが、90年代に入るとバブルが崩壊します。そもそも、日進月歩の技術革新に伴い製品価格は下がるのに、それと反比例してノルマは倍々に増えていくのがコンピューター業界の特性です。

一方、クライアント企業も簡単には契約をくれなくなります。当然、業績は下降する。そこで、企業側は固定人件費を下げるため、「定年を待たずに早く辞めればそれだけ退職金を上積みするからさ。早いとこ辞めてくんなぁ〜い」というメッセージを連打するようになりました。これを使えば住宅ローンを完済できるとわかり、そそくさと手続きをした私は、日比谷図書館に閉じこもって次の仕事を探し始めたわけです。

その過程で各業界のトップ企業の動向を徹底的に調べてみると、多くの企業が「少子高齢化による市場構造の変化」とか「地域高齢社会への貢献」とかを謳っており、特に大手総合商社が医療福祉分野に戦略投資をするようなことが記されていることが確認できました。それで私の心のなかで、『進むべきはシニアビジネス』という基本方針が固まったわけです。

幸い学生時代の仲間に医者がかなりいたので、何人かに会って話してみると、話題は専ら「介護保険」でした。医療保険に続いて約40年ぶりに創設されることになった新しい国民皆保険について、医者も情報武装しなければならない時期だったのです。そんないきさつで、さらに情報収集していくうちに、「社会福祉士」という、当時の私には得体の知れない資格に出くわしたのです。

「医療界のトップが医師ならば、福祉界の最高峰が社会福祉士」と、ある参考書には記載されていました。「医師が実際には一職人であるのに対して、社会福祉士は、わが国の縦割り行政の結果もたらされた、利用者にとって使い勝手の悪い保健・医療・福祉を有機的に結びつけて……」等という、私の自尊心をくすぐるくだりもあり、この国家資格を取得することを決意しました。

大学時代に福祉系の学部を出ていない私でも、通信教育で2年あれば取得できるのです。仮に医学部に入ったとしても6年を拘束されるわけだし、さらには、友人に医者が多いなかで「俺は医者だ」と言ってみたところで、さしたる価値もないであろう。それに比べると、社会福祉士って結構魅力的だよなぁ～等と思い込んでしまったわけです。

もっと言えば、医者連中もその時点では知らない介護保険なんぞを指導してやる側に回れるチャンスがあるのではないかと閃《ひらめ》いたのです。そして、当時は大ブームだった介護保険ビジネスで「宝の山」を妄想した私は、実に不純な動機で社会福祉士の国家試験を受験するための通信教育課程に進むことになったのです。信じがたいまでの超ポジティブです（爆笑）。

転職と受験の一石二鳥

１９９９年12月から翌年2月までの3ヵ月間は、転職活動および社会福祉士養成校の入学試験が重なり、実に充実した時間を過ごしました。今では信じられませんが、介護保険ブームのなかで福祉系の資格が大人気となり、な、な、何と、通信教育を受講するために論文による足切りがあったのですよ。私が通った学校もその年から定員を倍の６００名にしたにも関わらず、５００名余りの人が論文審査で門前払いとなっています。

2年間で約70万円の学費を納めた私は、50本のレポート提出、2ヵ月間の夏期スクーリング、1ヵ月間の現場実習を経て、国家試験に臨みます。社会福祉士の国家試験は例年1月の最終日曜に行われるのですが、私の場合は、単語帳と記憶カードによる短期集中学習法で、満点ではなく6割を獲りにいきました。年明け元旦からの25日間で、どうにかボーダーラインの60点（全150問中90問の正解）をクリアすることができました。もちろん、通常の勤務を続けながらです。

ちなみに転職先は、NTTグループの戦略系コンサルティングファームでした。まずは、医療福祉ビジネスのコンサルティングを手がけたいという主旨で、シンクタンクやコンサルファーム等、25社に企画提案書を一方的に送付しました。各社のサイト上では「現在、キャリア採用は致しておりません」等と記載されていてもお構いなしです。「ここで働きたい」と思えるターゲットに片っ端からラブレターを出しまくりました。「唐突にも不躾なお便りを差し上げる無礼をまずはお詫び申し上げます……」とやったわけです。例の潜在需要アプローチ型の就職活動です。この時に、企画提案書を作るために医療福祉系の文献を読み漁ったのですが、これが国家試験対策には実に役立ちました。

結果的に、面接のチャンスをもらったのが8社。最終的に残ったのが3社でした（ただし、うち一社は保険的位置づけのソフトハウスであり、福祉とはまるで関係ありません）。今にして思えば、就職活動と入学試験（論文）のタイミングが重なったのは一石二鳥であり、決して冗談ではなく、このふたつが同時並行で走っていなかったら多分現在の自分はなかっただろうと思います。

アナタがもっとも光れる場所

ところで、福祉系専門職がもっとも強みを発揮できる可能性が高い場所。あるいは、その価値をもっとも高く評価してもらえる場所。それはどこだと思いますか？

答えをひとことで言えば、それは、あなた以外に福祉系専門職なんぞ存在していない場所です。

でしょ？　希少価値……ということです。すでにあなたは他者と差別化されています。そのこと自体、あなたの優位性になるわけです。マーケティングの基本中の基本です。「掃溜めのツル」ではないけれど、福祉の「フ」の字も知らない集団にあってこそ、福祉系専門職は最大限に自分をアピールできるというものです。

例えば、「社会福祉士って何やるんですかぁ？」と、職場で何人かの人にこう訊かれるだけでいい。そうして少しずつ時間をかけて会話を積み重ねていきながら、「へぇ〜っ。そうすると、シニアのニーズやウォンツとか、手に取るようにわかるのでしょうねぇ」という流れができれば十分です。
でも逆に、もしもあなたが、福祉関連の事業体に呑み込まれちゃったとしたらどうなりますか？右を見ても左を見ても福祉系専門職だらけの環境では、だれからも注目されない。そうなると、あなたの存在自体が周囲から関心を持ってもらえる状況と比べたら損ですよね。おわかりいただけるでしょうか。

しかし、現実はどうでしょう。先の日本社会福祉士会の調査では、社会福祉士の勤務先についても言及されており、実に8割が特定の社会福祉施設や医療機関や介護サービス事業所に勤務しています。民間の一般企業に在籍している人、独立起業している人は、全体の1割に過ぎません。残りの1割は自治体や社会福祉協議会です。

先にご紹介した社会福祉士の年収（p26）を思い出してください。福祉系専門職の年収と勤務先。双方のデータからわかることは何でしょうか。それは、特定の施設や事業所に勤務してしまうと、待遇的にかなりキツくなるということに他なりません。

私の仲間にも、施設に勤務しながら社会福祉士を取得した人は多いです。でも、後で聞いてみると、社会福祉士という資格が待遇面に反映されたという事実はなく、むしろ、「誰も気づいてくんないし、何も言ってくれない」とか「それはおめでとう。で……？」みたいな反応が大半だったと嘆いています。その時点で燃え尽きてしまった人もいるくらいです。

こうして考えてみると、福祉系専門職がワンランク上のステージにいこうと思ったら、同業者が大勢いる世界というのは得策ではないことがおわかりいただけるでしょう。福祉系専門職はあなたしか存在しない……。そんな職場こそが、あなたがもっとも光れる場所ということになります。

だからどうか、福祉系の資格だから福祉業界にしか就職できないよなぁ〜なんて、そんな固定観念はぶっ壊しましょう。固定観念は悪、先入観は罪です。ＮＯを並べたてる悲観論者に明日はありません。自分で自分の可能性を狭めてしまうことだけは避けてください。可能性と限界。それはいつもあなた自身が決めてしまうものなのです。このことは、決して忘れないでほしいと思います。

福祉系専門職のポテンシャル

もうひとつお伝えたいのは、なにも社会福祉士でなくても、福祉系専門職であれば、企業群に対してシニアビジネス関連の新しいサービス等の企画提案が可能であるということです。

超高齢化や終活ブームのおかげで、各企業はシニア戦略を無視することはできません。わが国の人口動態、すなわち市場構造の変化からもこの傾向はますます加速していきます。

こうした環境のなかで、医療や福祉の法制度、その経営環境の現状と方向性、海外の先進事例、高齢者・障害者やその家族の理解……等々。これらを体系的に学んできた福祉系専門職は、シニアビジネスへの新規参入やサービス開発を目論《もくろ》む企業にとって、業績に貢献できる可能性を秘めています。欲しい人材だということです。少なくとも、面接まで進める可能性が高いわけです。

「私の現場経験から市場ニーズがあることは間違いない。これをおたくの会社で実践したいのです

（キッパリ）」といった感じで提案するのです。言い換えれば、「貴社のお客様に私のアイデアを提供したら、そりゃあ、儲かりまっせ!」と持ちかけてあげるということです。

できればメジャーな上場企業あたりにアプローチすることをお奨《すす》めします。給料のことは言うまでもありませんが、それよりも重要なことがあります。実は、規模の大きな企業ほど最終消費者に対して間隔戦を展開しているため（これに対して、中小企業は接近戦）、実は末端市場の情報に疎いのです。要するに、シニア顧客のナマの声を把握できていないということです。だからこそ、現場を熟知しているアナタが輝いて見えるのです。

そして、言葉は悪いかも知れませんが、そんなビッグネームの暖簾の力を借りて、みなさんの企画やアイデアを実験して、その効果を検証してみるのです。この経験は、みなさんのこの先の仕事人生にとって大きな財産となるはずです。

ハッキリ言って、採用されてプロジェクトまで立ち上げてもらえたら万々歳。採用されるだけでも万歳三唱。不採用にされたところでモトモトじゃないですか! しかし、冗談抜きでチャンスはあります。漠然と転職活動するよりも遥かにイケるはずです。

そうそう。福祉の世界には真面目……というか、コンプレックスがあるというか、自分で自分を貶《おとし》めてしまっているかのような方が多いので念のため言っておきます。面接や企画書のなかであなたが言ったことを、採用された後で実現できなかったからといって、ペナルティを課せられるなんてことはあり得ません。何の問題もありません。状況は刻々と変わるのです。「採用の面接で言っていた件、いつになったら実現できるのだ！」等と突っ込まれることは２００％あり得ません。大企業であればなおさらのことです。

どういうことかと言うと、企業の採用担当者が評価するのは、あなたが持ち込んだ企画ではないのです。その企業が関心あるテーマについて具体的なアイデアを準備して、積極果敢にアプローチしてきたあなた自身を買うのです。ここのところを理解してほしいと思います。もしもこの感覚が理解できないとおっしゃる方は、おそらく一般ビジネス界で生きていくには、やはり柔軟性に欠けると言わざるを得ません。

自信を持って、みなさんが志す福祉の姿を言葉にして表現すべきです。シニアの視点に立って、求められる製品やサービスのアイデアを披露すれば道は開けていくと思います。

福祉はおカネじゃない？

かつてコムスンが介護ビジネスに参入した時に、その商業主義的なやり方を指して、「福祉はビジネスや金儲けではない」とか、「人道的立場で社会的弱者のことを考えるべき」等という批判が、主に同業者内で飛び交ったのを記憶しています。介護保険スタートから20年近くが経とうとしている今でも、同じように叫んでいる福祉関係者も結構います。

確かにコムスンは非合法的なことに手をつけてしまったからまずかったけれど、だからと言って、福祉はボランティアとでも言いたげな福祉系専門職に出会うと、私は憤りを覚えます。みなさんはそんな言葉に耳を貸してはなりません。まずは経済的な安定を目指すべきで、それを成し遂げたうえでゆっくりと社会正義とか弱者救済を追求すればいい。そう思っています。

福祉系専門職であれば誰でも知っている（?）マズローの欲求五段階説を思い出してください。人間の欲求は五段階のピラミッドになっていて、低次元の欲求が満たされることで自然とより高次元の欲求が生じてくるというものです。

欲求の段階は、下から順に、生理的欲求（食欲・性欲・睡眠欲）→安全欲求（健康・経済的なもの）→所属欲求（会社・家庭・サークル等の組織）→承認欲求（社会的認知・尊敬・表彰等）→自己実現欲求（能力や可能性の開花）となっています。

つまり、人間なるもの、とりあえずメシが食えるようになって多少のゆとりが出てくれば、次第に世のため人のためになることをしたくなるもの。しかし、第2段階の「安全欲求」が満たされることなしには、ボランティア等の社会貢献など覚束《おぼつか》ないということがわかります。ナイチンゲールやマザー・テレサにしても、財力があったからこそ、信ずる道を究めることができたはずです。

社会福祉士にも、「私は金儲けのために社会福祉士になったわけじゃない」とおっしゃる先輩方はとても多いです。でもそれは、おそらく儲けられないご自身のことを正当化・合理化するためにおっしゃっているとしか、私には思えません。

精神分析学の創始者フロイトの「防御規制理論」をご存知ですか？　要は、人間は自分の欲求不満が合理的に解消されない場合に、非合理的な適応の仕方で自分を守ろうとするものなのです。イソップ物語の「酸っぱい葡萄《ぶどう》」がそれを表しています。とても美味しそうな葡萄が高い木の枝にぶらさがっています。いろいろ試すものの、どうしてもそれに手の届かないキツネはさいごにこう言います。

「あの葡萄は酸っぱくってまずいんだ。だから、オイラ、いらないんだ」

葡萄の価値を相対的に引き下げることで、自分の欲求不満を処理しているわけで、言ってみれば負け惜しみということです。ちなみに、「負け惜しみ」は英語でこう表現します。

That's sour grapes.

本当は先輩だって社会福祉士になってガンガン稼ぎたかったし、収入を増やすために奮闘していた時期もあったのではないでしょうか。そう思うのです。しかし、実際に時間とコストをかけてみた結果、それが叶わなかった。

そこで、金儲けに対する欲求と、稼ぐことができない自分自身のギャップを解消するために、「福祉はカネじゃない」という発言につながっていくわけです。私は、こうはなりたくありませんでした。

みなさんも、このような先人達に惑わされないことです。みなさんを頼って相談に訪れた人に対して、まちがっても、「社会的に不遇なお客様だから、おカネを取ってはいけないのでは……」等と考えてはいけません。この点は非常に大切なことなので十分に気をつけてください。

キーワードは「脱組織・脱保険・脱常識」

パート1のさいごに、ここまでの総括をしておきましょう。パート1でお伝えしたかったのは、福祉の世界で成功するためのマインドセットの話です。成功が意味するものは人それぞれでしょうが、この本では、**「人の役に立つ仕事をしながら、感謝され、結果として、年収1000万円を手にすること」**と定義します。成功を手にするためには、先入観や固定観念を打ち破る必要があります。カッコつけて言えば、環境の奴隷から脱却することであり、小学生でもわかるように言えば、人とちがうことをやることです。

私の座右の銘は、マクドナルド創業者レイ・クロックの「Be daring, be first, be different.」です。拙い日本語に訳せば、「情熱をもって、誰よりも早く、人とちがうことをやれ」です。かつて外資系コンピューター会社に勤務していた私は、日本マクドナルド社を担当していました。当時は、年に一度、マクドナルドコーポレーションの本部があるアトランタに、世界各国のマクドナルド担当営業が集うのが習わしでした。

はじめてこれに参加した時、マクドナルドの人材育成施設（ハンバーガー大学）を見学したのですが、そのエントランス前に置かれた石碑にこのフレーズが刻まれていたのです。後頭部を鈍器で殴られたように、身体中に閃光が走ったのを覚えています。帰りの飛行機のなかでも、夢遊病者のように「Be different」を繰り返していました。すばらしい言葉です。50歳を過ぎてから莫大な富を築いた事業家の言葉だけに、余計に心に響いてくるのかもしれません。あの衝撃から数年後、私はディファレントな人生に舵を切ったのです。

福祉の世界で成功を収めたいみなさんに意識してほしいのは、脱組織・脱保険・脱常識の3つです。学生時代に何かのきっかけで福祉業界や福祉ビジネスに関心を持ったみなさんは、大体は福祉関連の職場に入って、専門資格を取って、介護保険という枠のなかで、要介護者向けに仕事をしています。

脱組織・脱保険・脱常識というのは、こうした従来の価値観をブレイクスルーする（打ち破る）ことに他なりません。

だってそうでしょう？　みなさんだって、もうわかりきっているはずです。

今の組織や会社にいながら、介護の仕事を、一体、何歳まで続けるつもりですか？

そうすることで、伴侶と出会い、家庭を持ち、子どもを産んで育てて、マイホームを持ち……という、世間で言うところの幸せを本当に手にできるのでしょうか？

家族との時間を確保して、週末は外食をしたり、年に二度くらいは旅行に出かけたりできるのでしょうか？

残念ながら今のこの国では、年収300万円ではむずかしいと思います。もちろん、不可能ではないかもしれません。世の中、やってやれないことはありません。でも、どこかに無理や歪みが生じてしまうはずです。幸福は経済的なものだけではないと言う人もいます。そういう人たちは、ごめんなさい、そもそもこの本の読者として想定していません。ブックオフに直行してください。

どうか、今、自分が身を置いている世界がすべてだと思わないでください。世界は広いです。そして、たった一度しかない人生の主人公は、他でもない、あなた自身です。みずからの可能性に目を背けないでください。みずから選んだ道を進むべきです。安心してください。チャレンジ精神と向上意欲にあふれるあなたを全力でサポートします。

人のいく　裏に道あり　花の道……です。

それでは、いよいよ、人生を変えるもうひとつの選択肢「独立起業」についてお話ししていくことにします。福祉で稼ぐことを目的としたスペシャルオファーの始まりです。

福祉で稼ぐ！

パート2
ゴールセット編

時代の要請「老い先案内人」

ここからは、スマートウェルネスコンシェルジュ（ＳＷＣ）という、福祉の新しいプロフェッショナルとしての生き方を紹介していきます。

ＳＷＣをひとことでいうと、シニアの円滑な老後をさいごまで丸ごと応援する「老い先案内人」です。１００歳以上の人が10万人をも突破しようとする超々高齢国家ニッポン。私たちは、長生きしなければいけない時代を生きています。それは決して不老長寿ではなく、長生きゆえにさまざまなリスクを背負わされた、苦しきことのみ多かりき時代です。

実際の地域社会に目をやれば、役所も子どもも当てにできず、誰に相談すればいいのかもわからぬまま、悩みを抱えながら暮らしているシニアがたくさんいます。忙しいお子さん世帯に代わり、身内のように寄り添いながら老いの問題を解決して差し上げたい……。そんな思いを共感してくれるあなたであれば、ここから先は真剣に読んでほしいと思います。

はじめにお断りしておきますが、SWCという福祉のプロフェッショナルは、介護の仕事ではありません。地縁のあるエリアで拠点を構え、講座やイベントを開催しながら会員を募り、シニア世帯からの電話相談や個別支援に応じる仕事です。

なお、ついでに言っておくと、当面はバーチャルオフィスで構いません。仕入れもなければ在庫もなし。オフィスも社員も全部なしでノープロブレムです。

シニアを相手にする相談ビジネスですから、向き不向きもあると思いますが、以下のような方たちであれば、スムーズに対応していけると思っています。

まずは、企業の管理職経験者。相談者の暮らしを少しでも改善すべく、そのマネジメントスキルを発揮してほしい。サービス関係者やご家族等、相談者を支えるチームでそのリーダーシップを発揮してほしい。病医院や介護事業者や行政職員とのさまざまな折衝において力を発揮してほしいのです。

つぎに、サービス業で接遇接客の経験があり、笑顔と笑声（えごえ）に自信のある方。是非とも、相談者とご家族に希望と勇気の光を投げかけてあげてください。

さいごに、医療福祉系の資格をお持ちの方。上司に指示される受け身の仕事ではなく、相談者のために善かれと信じることをトータルにコーディネートして差し上げてください。

アクティブシニアの相談窓口がない！

日本の全世帯数約5千万のうち、「高齢者のみ世帯」は1300万世帯。割合にして、ざっと25％です。この割合はどんどん増え続け、8年後の2025年には30％にもおよぶ勢いです。

興味深いのは、2030年には、すべての都道府県で25％を超えるという点です。東京も含めて、4世帯に1世帯、多いところでは3世帯に1世帯が「高齢者のみ世帯」になるというわけです。

私の両親も「高齢者のみ世帯」ですが、「高齢者のみ世帯」の暮らしには、浜辺に寄せる波のごとく、日々さまざまな問題が生じるものです。しかし、こうした〝ふつうの高齢者のみ世帯〟には、万一の時に頼れる存在がいないのです。で、いつしか頻繁にお子さんの携帯を鳴らすようになります。そうしている間に、お子さん世帯も忙しいので、少しずつ親子関係がおかしくなっていくのです。その延長線上に、すでに社会問題化している老老殺人、老老心中、孤独死など、悲惨な事件の数々があるんじゃないでしょうか。

それがわかってくると、いろいろな不安を自分のなかに抱え込んで、我慢するようになる。そして、いざことが起きてしまった時、たまたま目の前に現れた専門家もどきにいいようにされてしまう……。そうした結果、どうなるか？　振り込め詐欺じゃないけれども、こんどは、成年後見人や弁護士や医者等、本来は信用に値するはずの専門家による詐欺まがいの事件さえも手ぐすねを引いて待ち構えています。まさしく、老いる世間は鬼ばかりです。

国では、「高齢者のみ世帯」が安心・安全・快適に暮らしていくための最重要インフラは、①在宅医療（定期的な往診）②在宅医療の後方支援基地（休日夜間および緊急時の受入れ病院）③24時間医療介護付きの賃貸集合住宅　であると言っています。

ですが、この3つよりも前に、もっと重要なものがあります。それは、「高齢者のみ世帯」が何かしら不安を感じた時に、気軽に相談できる窓口または相手を整備することです。残念なことですが、今の地域社会にはこれが決定的に欠けているのです。

例えば自治体の窓口は、平日の8時30分から17時30分の間しか対応してくれないだけでなく、お役所の悪しき慣習である縦割り行政の結果、高齢者が相談に出向いても複数の窓口で個別に相談しなければなりません。これには、現役世代でさえイライラすることがあります。また、担当者によっては、まだまだ相手の立場を尊重する姿勢が不足していることも問題でしょう。

要介護の認定を受ければケアマネジャーという福祉専門職が相談相手になってくれるでしょう。介護度の低い人ならば地域包括支援センターがあるかも知れません。彼らが自立しているシニアの悩みにどこまで対応してくれるか……。機会があったら、一度、地域包括支援センターに電話でもしてみてください。その実態がわかると思います。

一人暮らしで障害を抱えている人や生活保護を受けている人には、民生委員と呼ばれる福祉相談員や自治体の職員が定期的に安否確認などに出向いてくれます。緊急連絡用の電話を貸し出してくれる地域もあります。

しかし、元気なシニアには、然るべき相談相手がいないのです。いざという時の拠り所が警察署と消防署だけというのは何とも心もとないと思いませんか？

こうしてみると、老い先案内役にはかなりのニーズがあると思います。もしも、いつでもなんでも気軽に話を聴いてもらえるシニア向けの相談窓口があったとしたらどうでしょうか？　子どもに気をつかうことなく、不安が頭をよぎった時に気軽に相談ができて、解決の糸口や然《しか》るべきコンタクト先を教えてもらえるだけでも、その夜は落ち着いた気分で眠りにつくことができるはずです。

地域のシニアたちのナマの声を聞くにつけ、これが今の日本の地域高齢社会にもっとも欠けている機能だと確信したのが２００６年の夏のことでした。

それ以来、私は今日まで、会員世帯に対して、**①年中無休体制でのお困りごと相談　②現地に出向いての個別相談対応　③医療・福祉・法律等の専門家の紹介**　等を行っています。

年間の会員数は、個人２００件、法人４件。年間の電話相談が６００件。その延長線上での個別支援が１５０件。各種イベントは50回ほど開催しています。**年収は１５００万円から２０００万円の間**を行ったり来たりです。どうにかこうにか活動開始から満10年を迎えることができました。来春からは、有能な同志を募って、全国各地に拠点を増やしていきたいと考えています。

具体的には、私は、『NPO二十四の瞳』（http://24i.jp/）のフランチャイズを全国に12拠点（12人の同志の24の瞳でシニアを見守る、という意味）、展開しようと計画しています。この本を読んでみて関心を持っていただけたなら、是非とも『NPO二十四の瞳』の輪に加わってほしいと願っています。そして、みなさんが慣れ親しんだ地域において、シニアのみなさんの安心・安全・快適な暮らしを支えていただけたとしたら、こんなにうれしいことはありません。

福祉専門職の葛藤

欧米では、人生を安全かつ円滑におくるためには「ひとの幸福に関わる5人の専門家が必要」という認識が、子どもの頃から定着しています。まず、私たちの身体的幸福をサポートするのが医者です。また、精神的幸福をサポートするのは牧師や神父などの聖職者とされています。同様に、弁護士がサポートするのは私たちの社会関係的幸福です。資産まわりのことはフィナンシャルプランナーがいます。

そしてもうひとつ、私たちの日常生活上の幸福をサポートしてくれる重要な国家資格。それが

Certified Social Worker。「サーティファイド・ソーシャルワーカー」と称されるプロフェッショナルなのです。日本では、社会福祉士と呼ばれています。

日本には、医師30万人（歯科医を除く）に対して、この社会福祉士が20万人います。しかしながら、医療の世界における最上位資格者である医師と比べ、福祉の世界の最上位資格であるはずの社会福祉士が、いかんせん目立ちません。世界に類を見ない圧倒的な超高齢王国ニッポンでありながら、一体この認知度の低さは何なのでしょうか。自戒の念をこめて、「社会福祉士よ、一体あなたたちはどこでなにをしているのだ！」と叫びたいくらいです。

２０００年に介護保険がスタートすると決まった時、いよいよ社会福祉士の時代が来ると先読みして、私は会社勤務をこなしながら2年間の通信教育（2ヵ月間の現場実習を含む）を経て、国家試験に臨みました。合格した私は、夢と希望に満ち満ちてライセンスを定期入れに入れて街を颯爽と歩きました。ところが、いざフタを開けてみると、いい意味でも悪い意味でも、世間の注目を集めたのは介護支援専門員（通称、ケアマネジャー）なる都道府県の認定資格者たちでした。

社会福祉士はと言えば、特定の医療機関や福祉施設で黙々とルーチンワークを続けているか、自治体色の強い社会福祉協議会で、ひたすら杓子定規なオペレーションを几帳面に反復しているかで、地域高齢社会の救世主になり損ねた感がありました。

スクーリングで出会った仲間が勤務する病院を訪ねた時、合格して社会福祉士となった彼が、中年の看護師にギャアギャア言われながらアゴで使われているのを見た時のショックは、今も忘れることができません。〝福祉界の最高峰〟を舐めてんのか！　と思ったものです（笑）。

今一度、福祉の分野で頑張っておられるみなさんに、ちょっと思い出してもらいたいことがあります。みなさんが福祉の世界を目指した時の動機は何だったのでしょうか。ちょっと照れくさいですが、私の場合は、運悪く社会的に弱い立場になってしまった人たちが、少しでも健やかで幸せな日々を過ごしてもらえるように、相談者それぞれに対して、必要な社会資源を確保して提供してあげたいという理想を掲げていたものです。

縦割り行政のわが国では、特に高齢者が保健・医療・福祉等のサービスを必要時に必要なだけ確保することが困難であることを、私の両親のケースで痛いほどわかっていたからです。役所の各窓口はバラバラだし、医者も弁護士も自分の専門外についてはコーディネートなんてしてくれません。

要するに、問題を抱えている利用者側があちらこちらを回って個別に相談をしなければならないのが日本という国なのです。だから、これを変えたいと思ったのです。社会福祉士になって、自分が窓口となって、相談者に必要な社会資源またはサービスを取り揃えて差し上げたいと思ったのです。ひとことで言うならば、円滑な老後を実現する「ワンストップショッピングカウンター」になろうと考えたのです。

既成の枠を打ち破れ！　―相談ビジネスに欠かせないもの―

2001年に社会福祉士の資格を取得した私は、丸3年間、コンサルティングファームに勤務しつつ、傍らで百貨店の軒先を借りて『シニアのためのよろず相談サービス』を開始しました。また、運よく同時期に、航空自衛隊の定年退職者予備軍の人たちのべ2500人を対象に、3年間で約60回、『介護ビジネス入門講座』をやらせてもらいました。これらはシニアの意識や行動を把握するうえで大いに役立つ機会でした。

これらの活動のなかで学んだことが大きく3つありました。ひとつは「相談しやすい環境の必要性」。もうひとつが「相談を受けるならば医療との接点は外せない」ということ。そして、「相談者の満足や納得は、専門資格の有無には関係ない」ということでした。

まず、相談しやすい環境について。公民館で毎週末に開設されている『福祉相談室』というのがあります。社会福祉協議会が予算を取って配下の民生委員等に相談を受けさせているのですが、これがまったく機能していないのです。だれも相談になんか行かないのです。

それもそのはずで、民生委員は地区割りですから、仮に相談したい悩みごとを抱えていたとしても、近所の顔馴染みの人たちにパーソナルなことをあれやこれや胸襟《きょうきん》を開くなどということはむずかしいのです。こんなことに私たちの税金が使われているのだから困ったものです。

それに引き換え、百貨店や医療機関等、黙っていても人が集まる場所に相談窓口があれば、相談件数はおのずと増えるものです。みなさんだったら、老朽化した薄ら寒い公民館の一室で、したり顔で一癖も二癖もありそうな地域の有識者とやらに相談事を打ち明けたいと思いますか?

そしてもうひとつ。多くの相談者の話を聞くなかで、**高齢者の悩みごとというのは大体が似たり寄ったりのものだということがわかってきました**。ザッと挙げれば、**医療・介護・福祉・法律・お金・食事・葬儀。これだけです**。で、各テーマについても概ね3つから5つの質問に集約されることがわかりました。結局人間歳をとれば、貧富の差なく、健康とお金の問題に行き着くということでしょうか。

私は、2005年からの3年間、ある病院の一角で『お困りごと相談室』を開かせてもらうようになりました。医療現場の実態を知りたかったのと、医療専門職との人脈を作りたかったというのが理由で、無理やり頼んでやらせてもらいました。超高齢社会を迎えた日本では、もはや医療と福祉の垣根は意味がありません。今思えば、あの時期に3年間、病院を拠点にして相談活動を実践できたことは実に貴重な経験になっています。その成果のひとつとして、2007年8月にNPOの認証を受けることができたと思っています。

そして2008年からは、医療専門メディアで記者のマネごとをしながら、厚生労働省や医学界とのチャネル開拓に精力を注ぎました。霞ヶ関や永田町の動向をいちはやく察知することは、高齢者を中心とする相談者に適切なガイドを出せるのみならず、相談者と結びつけるべき病医院や医者とつき合う上でも大いに役立つものなのです。所詮、病医院経営者の多くは、2年毎の診療報酬改定と3

年毎の介護報酬改定に一喜一憂している人たちです。医療（介護）行政の方向性をウォッチしておけば重宝がられると考えたからです。

さいごに、みなさんにまちがえてほしくないことを言っておきます。それは、**専門資格の有無は、相談者の満足度には関係ない**ということです。困って悩んで思いきって相談に訪れた人に対して、杓子定規な応対や気むずかしそうな態度で接する専門家がいかに多いことか。そこにはサービスマインドがなければなりません。役所や社会福祉協議会、病医院や法律事務所に出向いてみるとよくわかります。そこでは提供者論理が幅を利かせていて、ものごとを「できる・できない」でさばくのです。

「相談」というのは、本来、「どうすればできるか」を協議することであるはずです。できないことを「できない」と言うだけであれば、子どもにでもできます。ルール上はできないかもしれない。でもそこで終わるのではなく、代わりに何かできることはないか。満願成就とまではいかなくても、範囲限定や期間限定でしてあげられることはないか。公的にはできなくても、民間のサービスで置き換えられることはないか。そんな、マニュアルを超えたところで悩める方々と接することのできる人。そのほうがよほど、相談者にとって価値が高いはずです。

考えてみれば、自分の親に何かが起きたとすれば、例えわからない分野のことであっても、知らないなりに走り回って何とかしようとするでしょう？　それがサービス業の本質ではないでしょうか。これは意識の「あり方」の問題で、「やり方」とは次元が異なります。「やり方」は学べても、「あり方」を学ぶのは至難の業です。ですから、この「あり方」を備えている人であれば、資格などなくても相談をさばくことはできると思っています。資格なんて、あとからいくらでも取得することができるのです。

というわけで、みなさんが縁のある土地で老い先案内役をこなすのに、資格の有無はもちろん、学歴や経歴は一切関係ありません。精神年齢が若くて、チャレンジ精神が旺盛で、サービスマインドあふれる方であればＯＫです。特に、企業の管理職経験者、接客業経験者、医療福祉系資格者はウェルカムです。あと、大学生・専門学校生でも可能性はあると思います。

未来を変えるスペシャルオファー

―パクッてほしいビジネスモデル―

『あなたも地元のシニアの老い先案内役になってみませんか？』

これがみなさんへのスペシャルオファーです。みなさんが生まれ育った地域で活躍していただきたい。地域医療や地域福祉の舞台で、「何かあったらあのひとに相談すれば大丈夫！」と頼られる存在にステータスアップしていただきたいのです。必ずや、充実した人生を送るためにもっとも重要な、「ひとから必要とされる」「ひとから頼りにされる」という実感を持てるようになるはずです。

この私がそうであったように、老い先案内役としての活動は、現在の勤務を続けながらでも十分に対応できます。もちろん、物理的に事務所を構える必要もありません。最低限、電話・メール・ファクスがあればＯＫです。基本的な考え方として、「いきなり完璧を期すのではなく、当座は自分にできることだけでいいから始めてみよう」という意識で構わないと思います。

それではここから、NPO二十四の瞳のノウハウを紹介します。まず、基本的なサービスについてご紹介していきましょう。

主要なものは、

①年中無休電話相談サービス（お困りごとホットライン）
②終活講座（敬老義塾）
③各種個別支援サービス

の3つです。基本的に会員制で提供しています（下表参照）。

しかし、これはあくまでも基準のサービス仕様です。サービス内容と会費については、みなさんの活動地域によって柔軟に設定していただいていいと思います。

【NPO二十四の瞳 年会費とサービス内容】

入会金	10,000円（一回のみ）
レギュラーコース （月額 1,000円）	①年中無休（24時間365日）お困りごとホットラインのご利用 ＊21時から翌9時は、秘書代行センター経由での折り返し ②広報誌のお届け ③老後の安心バイブル『クールな老後のすすめ』の提供
ゴールドコース （月額 2,000円）	①年中無休（24時間365日）お困りごとホットラインのご利用 ＊21時から翌9時は、直通電話番号を開放 ②広報誌のお届け ③老後の安心バイブル『クールな老後のすすめ』の提供 ④終活講座に年12回まで無料ご招待
VIPコース （月額 3,000円）	①年中無休（24時間365日）お困りごとホットラインのご利用 ＊専任コンシェルジュ直通の電話番号を開放 ②広報誌のお届け ③老後の安心バイブル『クールな老後のすすめ』の提供 ④終活講座に年12回まで無料ご招待 ⑤年1回の個別カウンセリング（90分）実施

会員が全部で100人だとすると、各コースの比率は、だいたい、「1：3：6」になります。

また、電話相談から個別支援サービスに発展した場合、頻度の高い相談（問題行動を伴う認知症、終のすみか探し、資産承継、ケアプランニング、セカンドオピニオン、リビングウィル、在宅死、葬儀社探し等）については、パッケージ料金が設定されています。

実は、この個別支援サービスこそが、このビジネスの最大の収益源です。特に稼ぎ柱となっているパッケージについては、パート3『スキルセット編』で詳しく説明しています。

【SWC（スマートウェルネスコンシェルジュ）の収益モデル】

前提条件	①会員数50人 （VIP:5人、ゴールド:15人、レギュラー:30人） ②月2件の個別支援サービス （5万円×1件、10万円×1） ③年24回の講座開催 （各回5人の有料参加者。受講料1,000円） ④SMAP（さいごまで丸ごと安心パック）　＊パート3参照 （@100万×3件）
年　収	①年会費 75万円 ②個別支援 180万円 ③受講料　12万円 ④SMAP　300万円 } 567万円

それ以外の個別支援に係る料金は、実績ベースで、以下のようになっています。
いずれも、税別、出張費別です。

【個別支援に係る料金】

個別支援内容	料金（税別・出張費別）
弁護士、医師、税理士等の専門家のご紹介	30,000円／回
カルテ写し取得、検査データ借用手続き	10,000円／回
各種役所手続きの代行	10,000円／回
各種カウンセリング	10,000円／回
遺言書作成	50,000円＋実費
不動産売却仲介	50,000円＋成果報酬

超簡単！　地域ネットワーク構築術

続いて、老い先案内役としての活動基盤整備について紹介しておきましょう。

まずは、幅広い相談に対処し得るだけのネットワークを構築しておく必要があります。これはもう、すべての活動の肝となる部分ですね。これを行うためにみなさんに準備していただくことは、「地域の病医院（歯科含む）、介護事業者（施設系、居宅系）、配食事業者、リフォーム事業者、民生委員、公民館長、老人クラブ連合事務局、弁護士、司法書士、行政書士、税理士、葬儀屋および自治体主要窓口（介護保険課、障害福祉課、生活保護課、保険課、納税課、長寿高齢課等）＆社会福祉協議会の情報を収集すること」です。

文字だけを見ると面倒に思われるかもしれませんが、福祉系の資格をお持ちであればむずかしいことではありません。資格がない方でも、情報を集めるだけなら簡単にできます。

ズバリ、活動する地域のタウンページさえ入手すればいいのです。他にも、ネット上で探せば、ご親切にデータ形式で名簿が掲載されている場合もあります。いい時代になったものです。

病医院については、診療科目と診療時間、入院設備・往診対応・救急指定の有無と連絡先（地域連携室、医療福祉相談室、MSW〔メディカルソーシャルワーカー〕等）を入手します。

これについては、

①都道府県庁内の書店か官公庁刊行物発行センターで、毎年発行される『医療機関名簿』（400円程度）を購入する
②地域の保健所または医師会で『医療機関マップ』をもらう
③インターネットで地域医師会や各医療機関のホームページからデータをダウンロードする

これで完了です。

介護事業者については、自治体の介護保険課が毎年発行している『介護事業者名簿』を入手するのと、プラス、施設系の空き状況がわかれば尚可です。この情報については、自治体によっては介護保険課または障害福祉課、もしくは地域の社会福祉協議会が配布している場合もあります。インターネットであればWAMNET（医療・福祉等の制度解説や各種データを総合的に提供している情

報サイト）で簡単に入手できます。

配食およびリフォーム事業者については、電話帳があれば一発ですし、もちろんインターネットの検索エンジンから探してもOKです。

民生委員と公民館長については、自治体の障害福祉課が名簿を管理していますのでそこから入手します。老人クラブについては、老人クラブ連合協議会事務局（老連協）にすべての情報が集まっていますのでそこから入手します。とにかく事務局長や会計担当と懇意になっておくことが後々のためにも有用です。ここらあたりの情報をデータベース化できると、地域のシニアへのアプローチはかなり円滑に把握できるはずです。要は、みなさんの活動を効果的に推進する上での地域のキーマンが見えてくるということです。

弁護士、司法書士、行政書士、税理士、葬儀屋については電話帳で簡単に調べることができます。実際の相談があってから動き始めても間に合うくらいです。

啓発講座お気軽運営ガイド

こうした準備の傍《かたわ》ら、実際の業務開始に向けて実践していただきたいことを順番に整理してみましょう。まずは、老い先案内役として、あなたが地域のみなさんの役に立つためにプレゼンテーションできる話材を用意してください。

例えばシニアが日々の生活のなかで遭遇する可能性の高いいくつかの分野について、最低限知っておきたい情報等を広くわかりやすく解説してあげるのが入口としてはいいかも知れません。熟年生活を円滑にするためのガイドみたいな感じでしょうか。

実際にやってみるとわかりますが、世の中のシニアは、驚くほど何にも知りません。そして、「知っているか知らないか」。たったそれだけの違いで、いざという時にホントに悲惨な状況に陥ってしまうのだという危機感がまったくありません。それは言うまでもなく、日本という国の上層部の人たちが、医療と福祉をはじめとする世の中のしくみをわざと難解にしているからです。そうすることで、私たちは国家の経営に協力せざるを得なくさせられているのです。だから、医療や福祉のシステムも超複雑なのです。

ということで、その入門講座でもいいですし、年金や介護保険、終の棲家、救急車の呼び方、葬儀等もシニアの関心が高いテーマです。他にも、生命保険、食事、エクササイズ、遺言状等、みなさんの得意分野があればそれもまた可です。ときには、みなさんの趣味や得意分野のネタがあってもいいでしょうね。「よく学び、よく遊べ」が、高齢者を退屈させないコツかもしれません。

最初の渉外活動は、老人（高齢者）クラブ連合事務局からアプローチするのがベストだと思います。公民館長や民生委員も重要なチャネルですが、もっとも間口が広くてとっつきやすい、つまりハードルが低いのが老人クラブだと思います。

そこで最初にあなたがやることですが、事務局長または会計担当（通常は女性。私が関わったクラブではすべて、この女性がキーマンでした）に対して、「①地元でこれから積極的に相談業務を行っていくこと　②シニアの役に立つ各種イベントを開催していくこと　③今後、クラブの定例会や催しなどで話す機会を戴ければうれしい」ということを明確に伝えてください。

そのうえで、老人クラブ連絡協議会会長（通称、連協長：ブロック長のようなもので、その下に10~数十名の部長がぶら下がっている）を紹介してもらえないか相談してみます。すんなり名簿をもらえる場合もありますし、まずは一度、連協長会議（月例）で時間を取りましょう……という流れになることもあるでしょう。

この流れのなかで、2~3名の連協長と懇意になれたら、あなたの活動は、本当に楽になるはずです。人間関係さえできて、あなたの話が面白ければ、かなり協力的に集客してくれるからです。ちなみに、人口20万人クラスの自治体だと、連協長なるシニアは20~30名。各連協長の下に、部長（中学校区単位高齢者クラブの会長）が30~50名、組織されているのが一般的です。

次にやるべきは、地元で開業している医者との接点をつくることです。相談活動を行っていくと、やはり医療に係る相談が多いことがわかります。それに、医者と関係を持っているということは、世間的に信用が高まるということが依然としてあります。あなたが企画するイベントで医者に健康講座などをやってもらえればしめたものです。

さらに次のステップとして、その医者の病医院内で相談コーナーを設けさせてもらったり、そこの患者さんたちを紹介してもらったりできるようになる可能性が出てくるはずです。もちろん、みなさんのほうから提案するのもいいでしょう。

そんな医者を2～3名つかまえることができたなら、あなたの活動にはグッと幅ができてきます。いや、ひとりでいい。現実問題として、病医院では身体的な健康に係る問題以外には対応のしようがないわけです。流行っている医者ほど患者の回転を良くする必要があります。本来の業務である診察に集中するには、シニアの生活上の悩みや愚痴に耳を傾けてはいられない。そこをあなたが拾ってあげればWin-Winの関係になるでしょう？　診療以外の厄介な相談はあなたに振ればいいわけですからね。

患者サイドにしてみれば、さまざまな問題を抱えながら日々を過ごしていて、身体のことだけを解決しても本当の意味で健康にはなれません。この連携関係が作れれば、病医院側にとってのみならず、シニアにとっても助かる話なのです。

こうした環境が整ってきたら、いよいよあなたが地元の老い先案内人として表舞台に立つことになります。啓発講座や各種イベントを企画して、いざ公民館や、あるいは老人クラブの会合、病医院のホール等で実際に話をするのです。「私は老い先案内人として、今日お集まりいただいたみなさんの不安を低減するお役に立ちたいと、本気で思っています」と念じながら、心をこめて……。

そして、本題の終わりには必ず、５分でもいいからＮＰＯへの入会案内をするようにしましょう。みなさんが地元で展開していこうと考えているサービスについて、わかりやすく説明してあげてください。そのうえで簡単なチラシ程度は手渡したいところです。

また、忘れてはならないのがアンケートです。記名欄（氏名、住所、電話）も用意して、感想と今後企画して欲しい内容、さらには現在のお困りごとを記入できる欄を作っておきます。これによってあなたにとっての見込客（会員）名簿を増やしていくわけです。

振り返ってみると、立上げ当初、学習会を月２回やったのはかなりハードでした。毎回２講座にして、ひとつは私が話し、もうひとつは毎回ゲスト講師として、医者、看護師、薬剤師、管理栄養士、ケアマネジャー、弁護士、司法書士、行政書士、税理士、自治体職員、消防署員（救急隊）、葬儀屋等を確保しました。なんといってもスケジューリングに骨が折れました。

こうした試行錯誤を経て、現時点では先述の３つのコース（レギュラー、ゴールド、ＶＩＰ）に落ちついたわけです。よって、はじめの段階では、これに準じて頂ければいいのかなと考えています。

会報誌もあったほうがいいですね。毎月の講座に参加できない会員に対しても、最低でも月に一度はあなたのことを記憶によみがえらせることが大切です。一定のサイクルでコミュニケーションを取っておけばこそ、いざという時にあなたにコンタクトしてもらえるのです。会報誌は完全手作りにして、あなたのキャラクターを前面に出したものがいいでしょう。要は、信頼関係の構築が目的なのですからね。前回の講座の様子や次回の予告、あなたの関心あるテーマで記事を書くのもいいでしょう。小学校時代の学級新聞のイメージで、柔軟な発想で作成することが重要です。ネタに困ったら、会員から寄せられた声を掲載したり、会員を順次紹介していったりするのもいいですね。

24／7（Twenty four seven）こそ命

お困りごとホットライン（通称コマホ）は、私がもっともこだわった点です。地域のシニア高齢者との会話を重ねるうちに、自治体窓口の使い勝手の悪さが浮き彫りになってきたためです。平日の8時30分から17時30分までの間しか対応してくれないこと、複数の窓口を回らねばならないこと、必ずしも対応のいい職員ばかりではないこと等、いざという時に頼れないというのがシニアの自治体に対する評価だったのです。

だからこそ、私は24時間365日に固執したわけです。実際にやってみると、21時から翌9時までの時間帯にかかってくる件数は、会員が100名の場合でも月に2~3件です。会員のみなさんによると、「何かあった時に気軽に相談できるひとがいるという安心感こそが大きい」ということなんですよね。保険的意味合いが強いわけです。多くの場合は、「明日の日中の時間帯に電話すればいい」と、こちら側に配慮してくださることも多いです。

そもそも、命に関わるような重大な事態になったとしたら、119番や110番に電話するわけですからね。社会福祉士としては、むしろ、正しい救急車の呼び方をガイドして差し上げることのほうが重要です。

もしも、みなさんがお望みであれば、土日祝日や夜間の電話相談対応については、『NPO二十四の瞳』が年間10万円で代行することも可能です。当該時間内にかかってきた電話が『NPO二十四の瞳』のコールセンターに転送されるようにしておいてください。一旦こちらで受けてから、緊急性がないと判断すれば翌朝、みなさんにメールまたはファクス、あるいは、あらかじめ取り決めた方法で連絡がいきます。

さて、会員からの相談によっては、医者の他、弁護士、司法書士、行政書士、税理士等は紹介できるようにしておきたいものです。ともかく、一般人にとって弁護士や税理士の敷居は高いものです。だからこそ、老い先案内役であるあなたが相談者の視線で橋渡ししてあげてほしいのです。

もちろん、実際に専門家の稼働が発生すれば、それは相談者と各専門家との間で別途契約が必要となります。相談者に対しては、そのことを事前にしっかりと理解させておく必要があることは言うまでもありません。

福祉のしくみ化

いかがでしょう。老い先案内役としての活動イメージが湧いてきましたか？

今回のスペシャルオファーは、先述のとおり、みなさんの活動地域のデータベースさえ準備しておけば、極端な話、定職を抱えながらでも、携帯電話一本で実践できます。現在のお仕事に過度な負担をかけずに、可能な範囲で地域に貢献してほしいと思います。

老い先案内役であるみなさんの力で、ひとりでもいいから、悩みを抱えながらも誰にも相談できず悶々としている方たちを勇気づけ元気づけてあげてほしいのです。そしてこの活動の積み重ねこそが、地域におけるみなさんの認知度を高めていくことに他ならないと考えています。

残念ながら、医師も弁護士も聖職者も税理士も、一般大衆層のシニアの気軽な相談相手にはなり得ません。私は、幅広い知識と人脈を持って、シニアが直面するであろうさまざまな問題を一緒に考え、解決への糸口を提示して差し上げられる唯一無二の存在を目指しています。

この考え方に賛同いただけるみなさんは、ご自身でトライすることと併せて、『NPO二十四の瞳』の輪に加わることも検討してみてください。

『NPO二十四の瞳』には日々、全国から多くの相談が寄せられています。現在は6人の専門職が交代で夜間対応をしていますが、より迅速で柔軟なサービスとするためにも、拠点拡充が急務です。

そんなわけで、来春からは、全国各地にまずは12か所、『NPO二十四の瞳』のサテライトを開設したいと考えています。

フランチャイズでの起業をお考えの方には、のべ50時間（隔週日曜日5時間×10日、内容は「業界知識・シニア援助技術・コミュニケーション」）の研修受講後、修了検定試験を経てからの支部発足となります。なお、修了者は、『NPO二十四の瞳』の「SWC：シニアの日常生活・緊急時・老い支度をトータルに支援できる老い先コンシェルジュ」として認定されます。フランチャイズ加盟についての詳細は、『NPO二十四の瞳』のHPで紹介していますので、こちらをご覧ください。（http://24i.jp/）

この研修のなかにある「シニア援助技術」について補足しておきましょう。『NPO二十四の瞳』には、過去10年間に6千件もの相談が寄せられました。

毎年、相談内容を整理・集計して、相談テーマのランキングを公表しています。

2016年度の相談テーマトップテンをP82～83に紹介してみましょう。

ここ数年の傾向は、終のすみかをはじめとする老い支度に係る相談が上位を占めることが特徴です。かつては、医療機関や医療者との折衝に係る相談が上位にきていたのですが、2013年度からは、完全に逆転しました。ただし、納得できないことがあっても、医者や病医院とうまくやりとりできない・しづらいという状況はあいかわらず頻出しています。

これらの結果からわかるのは、シニアの悩みというのは、金持ちでもビンボーでも、そんなに変わらないということ。つまり、ランキング上位に来るのは、いつも同じ相談だってことなんですね。そりゃあ、多少の順位変動はありますよ。でもトップテンだけで9割の相談に対応できちゃう。トップ20までいけば100％です。なので、トップテンに絞って対処法をモノにしちゃえばOKだってことなんです。

50時間の研修では、これをすべてお教えします。まさしく、老後の問題解決のスタンダードです。シニアの悩みを解決しようと思った時に、まずは、どんな選択肢があるのか。それぞれの選択肢について、どのような順序で、どこにコンタクトして、誰に会って、何を話せばいいのか。ここのところさえキチンと習得しておけば、会員からいかなる相談を持ちかけられても、まず問題ありません。もしも忘れてしまったり、まったく質のちがう相談が来たりした時、フランチャイズ起業であれば、電話一本してくれればリモートサポートがありますから安心です。ねっ？　イケそう感が出てきたでしょう？

今のお仕事の傍《かたわ》らでできる範囲のことからで構わない。自分たちが対応できない場合は私の方に振ってもらって構わない。運営上で困ったことが生じたら24時間いつでも携帯を鳴らしてもらって構わない。そんなサポート体制をご用意しますので、「とりあえず、できる範囲のことからやってみよう」という感じで、肩の力を抜いてスタートしてください。

【電話相談のテーマ】

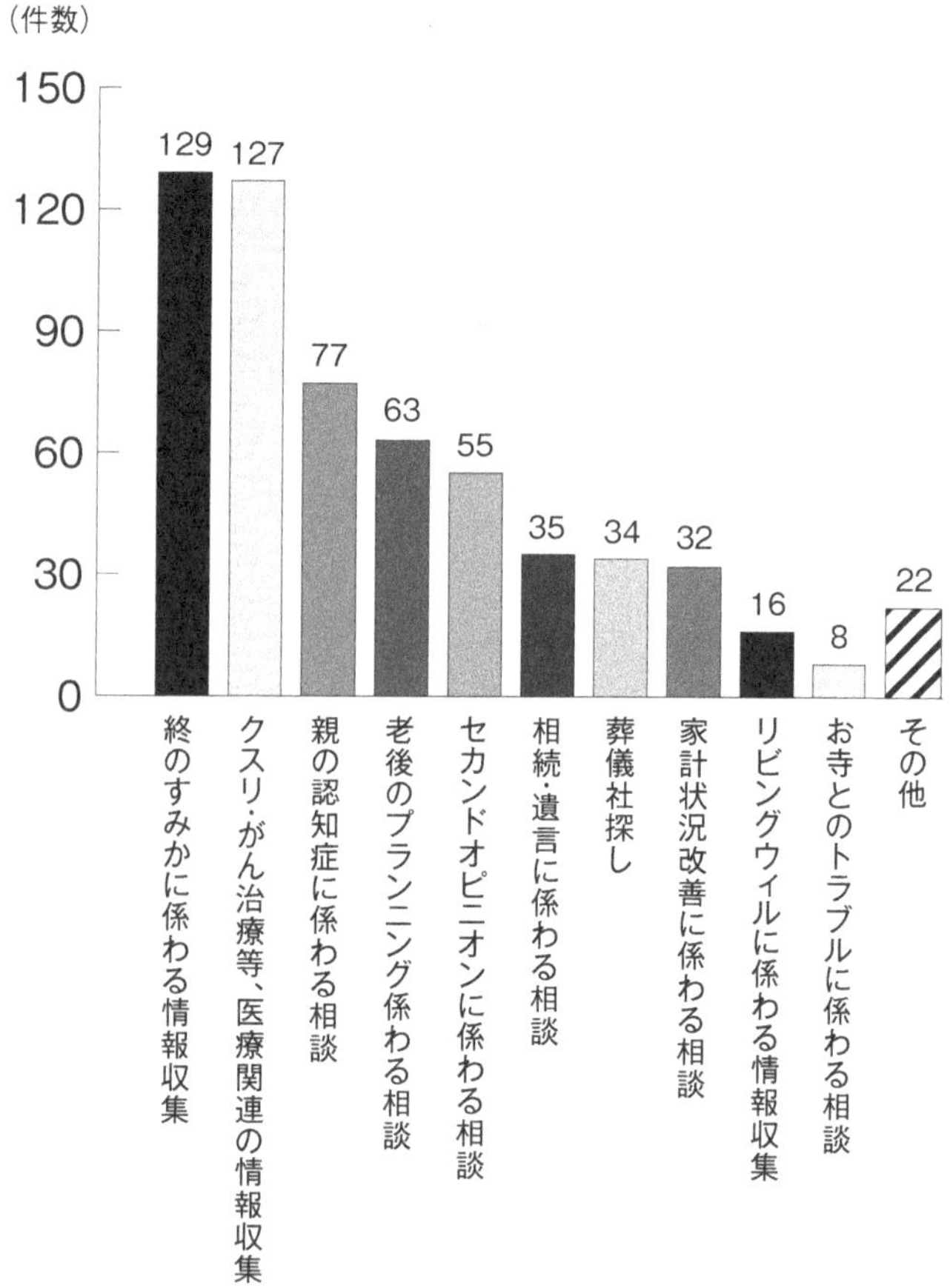
(件数)
150
120
90
60
30
0
129
127
77
63
55
35
34
32
16
8
22
終のすみかに係わる情報収集
クスリ・がん治療等、医療関連の情報収集
親の認知症に係わる相談
老後のプランニング係わる相談
セカンドオピニオンに係わる相談
相続・遺言に係わる相談
葬儀社探し
家計状況改善に係わる相談
リビングウィルに係わる情報収集
お寺とのトラブルに係わる相談
その他

【個別サポートのテーマ】

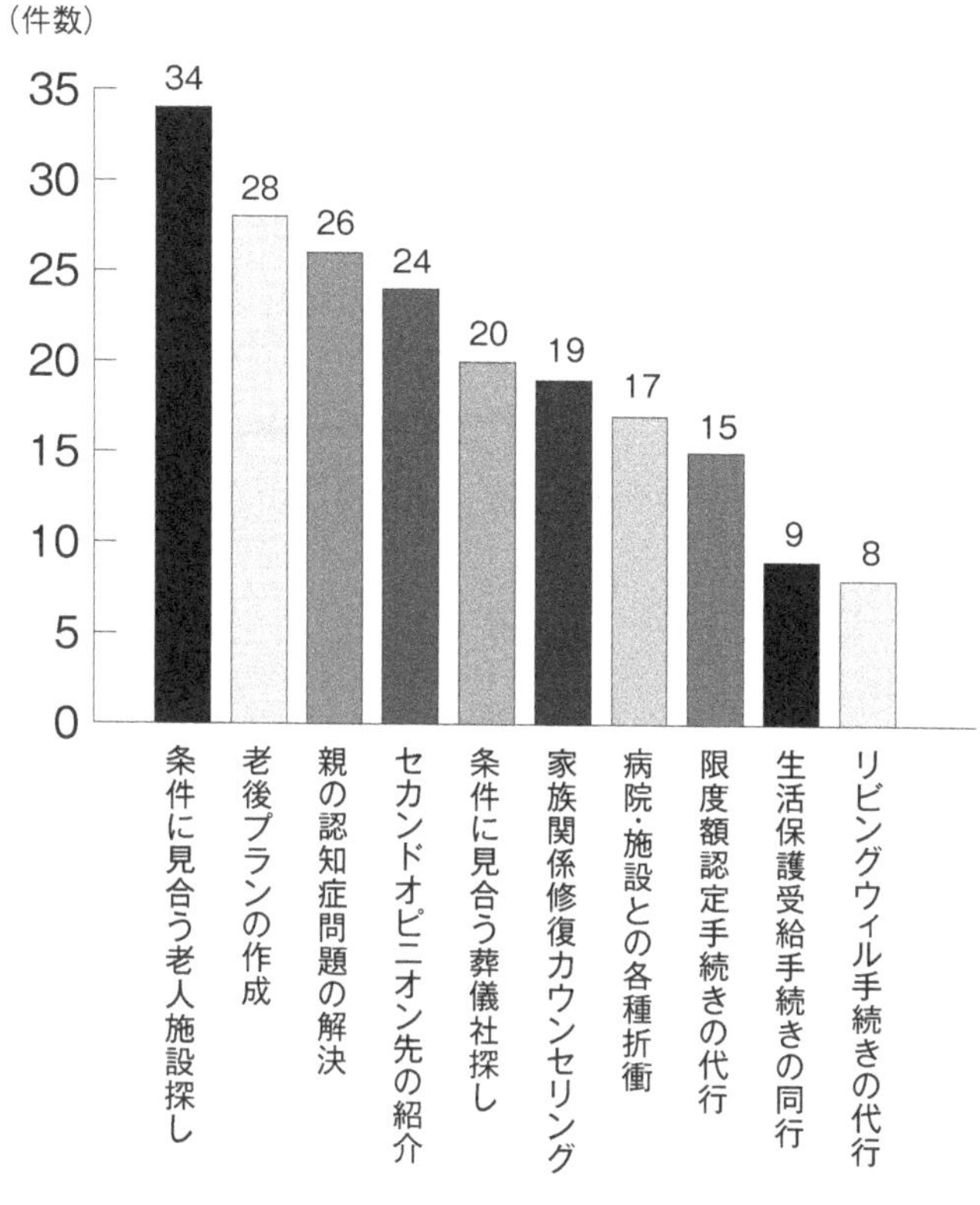
(件数)
35
30
25
20
15
10
5
0
34
28
26
24
20
19
17
15
9
8
条件に見合う老人施設探し
老後プランの作成
親の認知症問題の解決
セカンドオピニオン先の紹介
条件に見合う葬儀社探し
家族関係修復カウンセリング
病院・施設との各種折衝
限度額認定手続きの代行
生活保護受給手続きの同行
リビングウィル手続きの代行

SWCは、『NPO二十四の瞳』がこれまでに行ってきたシニア相談のノウハウをしくみ化したビジネスモデルです。来春より、少しずつ同志を増やしていければいいと思います。そして、いつか気づいてみたら、20名、30名とSWCの輪が広がっていたら、こんなにうれしいことはありません。年に1~2回は、全体で集まってなにかイベントをやったり、定期的に集まって情報交換や情報共有をやったり……。そんな妄想もしています（笑）。

福祉で稼ぐ！

パート3
スキルセット編

成功するための4つのスキル

ここまで読んでいただいて、「よし。やってみよう」とか、「なんか面白いかも」とか、SWCという仕事に興味を持ってくれたみなさん。パート3では、そんな感度のいいみなさんのために、まず今日から取り組んでもらいたい準備についてお話ししましょう。

波のように押し寄せるストレスにただひたすら耐えるだけの毎日（現在地）から脱却して、ワンランク上のステージを目指そうと決意したみなさん。縁のある地域でシニアの円滑な老後を応援する「老い先案内人」（目的地）にトライしてみようと照準を定めたみなさん。ここからは、みなさんが現在地から目的地に到達するための道筋を書いていきますね。これからご紹介する4つのスキル習得に取り組んでもらえれば、みなさんの現状は必ず変わります。本当に変わります。確実に変わります。そう。変わるんです。

みなさんは、変わらなければなりません。人間を続けていくならば。人生を生きていくならば。ワンランク上のステージにいくならば！

そもそも、この世に生まれてきて、あるがままの人生を全うするだけならば、そこにはみなさんが存在する意味がないじゃないですか。

私たちは誰しも、自分にだけしかできない役割を託されて生命を授かったのです。地球上にあなたと同じ人はひとりとして存在しません。誰もあなたの代わりにはなれません。他の誰でもない、あなたにしかできないことがあるのです。それは、あなたが、あなたの存在をもってして、何かを変えることです。何かを変えてこそ、あなたの存在意味があるわけです。これを哲学用語で「レゾンデートル」と言います。あなたのレゾンデートルを発揮するために、さあ、変えてください。その第一歩が、つぎの4つのスキルを磨くことです。

【成功するための4つのスキル】

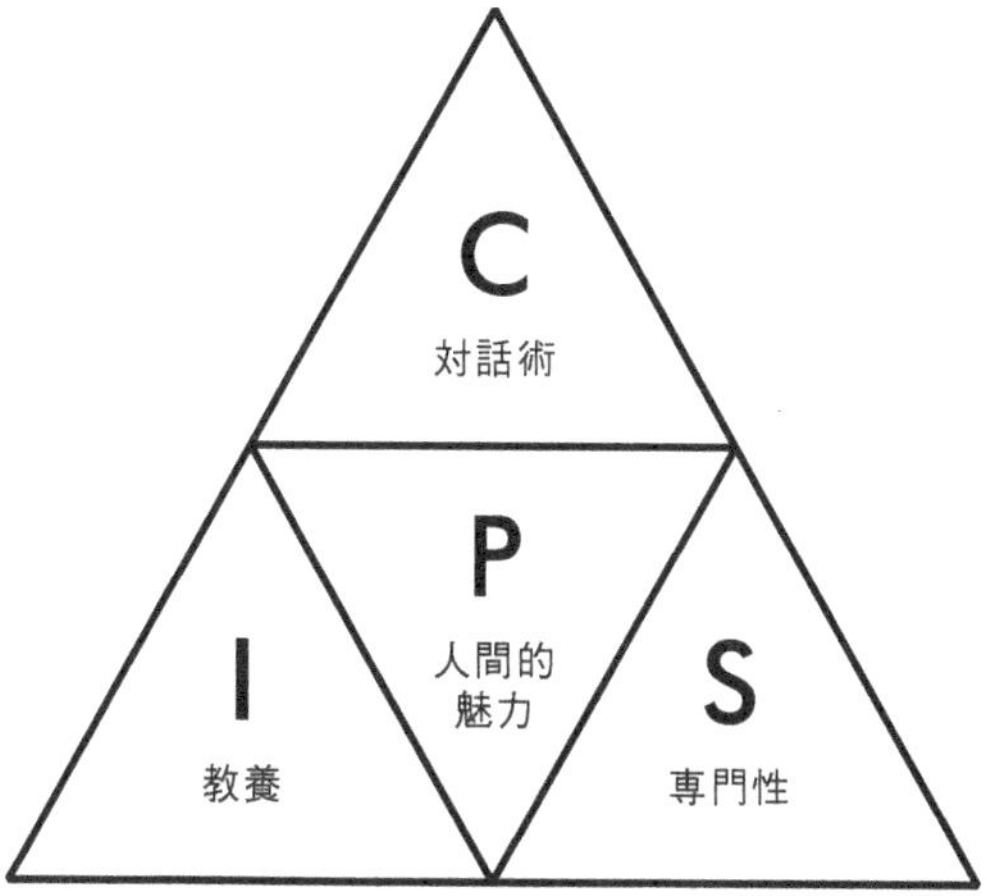

P：パーソナリティー（人間的魅力）

とにもかくにも、第一印象で「感じのいい人ねぇ〜」と思われないとダメです。そのためには、人としての基盤を整えること。これなくして、成功や幸せを手にすることはできません。真っ先に取り組んでください。

C：コミュニケーション（対話術）

第一印象で人間的魅力をアピールしたら、つぎは会話のなかで、「話してて楽しい人ねぇ〜」と思わせることです。そのためには、まずは相手の話を真摯に聴くこと。こちらが話す時には、相手の自尊心に配慮しながら、キッチリ感じよく簡潔に伝えることです。

I：インテリジェンス（教養）

意外に見落としがちなのが教養です。人となりが良くて、会話が上手であっても、それだけでは不十分です。「知的な人ねぇ〜」とか、「人として厚みのある人ねぇ」とか思わせる必要があります。

仮に人としての厚みや深みがないと、踏み込んだ人間関係を築くことはむずかしい。その源泉となるのが一般教養です。

S：スペシャリティ（専門性）

最終的にビジネスに結びつけるには、やはり専門性がなければなりません。

要は、シニア援助の専門技術です。医療・介護・おカネ（資産承継）・葬儀といった、シニアによくある課題については何通りかのソリューションを用意していますので、これらについてはこちらのサイト（http://24i/）を参照してください。

ここでは、シニアの円滑な老後をサポートする上でどうしても知っておいてほしい、シニア援助の判断基準の話をします。

これら4つのスキルＰＣＩＳを習得すれば、この本のタイトルである「福祉で稼ぐ」が実現します。正確に言うと、習得に取り組む過程で、徐々に稼げるようになっていきます。さらに言えば、ビジネス以外のプライベートにおいても幸せになれる確率が大幅にアップします。なので、真剣にトライしてほしいと思います。短期間に最速で効果が出るように配慮したつもりです。ダマされたと思って、私についてきてください。

人は何で動くのか

みなさんがちょっぴり奮発して、新しい洋服を買うことにしました。いくつかの店を見てまわって、予算内で買える好みの服を見つけたとします。店員が素材やデザインについて、非の打ち所のない説明をしてくれました。さて、みなさんは財布に手をかけるでしょうか？

実は、私たちは、どんなに価値の高い製品・サービスであっても、その店員が鼻につくと購買意欲がたちどころに失せてしまいます。逆に、店員に好感を持つと、製品・サービスに多少の検討課題があったとしても買ってしまったりします。これが人間心理の不思議なところです。

人の購買に影響を与えるもの。それは、①売り手の人となり　②売り手の伝え方説明　③商品そのもの　です。そして、その影響度を比率で表せば、①：②：③＝6：3：1。

つまり、売り手がどんな人物なのかがとても重要ということです。「信なくば立たず」ならぬ、

「信なくば買わず」です。みなさんを信ずる者が「儲（もうけ）」を運んできてくれるのです。ですから、一にも二にも、「感じのいい人ねぇ」と思ってもらうことがすべての出発点なのです。これなしでは、成功も幸せも手にすることはできません。

例えば、テレビをつけたら、ある著名人が何かのテーマで熱っぽく話していたとします。あなたがその著名人が嫌いだったとしたら、彼もしくは彼女がどんなに素晴らしい内容について熱弁を振るっていたとしても、あなたはスルーするかもしれません。でも、あなたが好きな著名人が出ていたなら、あなたにとってはそもそも関心のない話であっても、彼もしくは彼女がいかに口べたであっても、あなたは真剣に聞き入るはずです。

ですから、あなたが福祉の世界で成功しようと思うのであれば、シニアをして、「あの人、感じいいわよねぇ」と評価されることが大前提となります。SWCとして地域シニアの円滑な老後をサポートしながら生計を立てようと思ったら、医療やら介護やらの問題解決策以前に、あなた自身の人間的魅力を高めておかねばなりません。シニアの強い味方SWCは、シニアの用心棒。そして、用心棒というのは**「要人望」**なのです。

人望とは技術である

まず、人望という言葉の定義から考えてみましょう。私なりに人望という言葉を定義するならば、シニアをして、「あの人に話を聴いてもらえて本当に良かった」とか、「またあの人に相談に乗ってもらいたいな」とか言わしめるような、日常のコミュニケーションの積み重ねだと思います。これからSWCとして福祉の世界で成功しようとするみなさんであれば、いかなる場面で、いかなる言葉を吐くのか。これによって、活動する地域のシニアから常に評価されていると認識したほうがいいでしょう。

そして、もうひとつ。この人望と言うのは、人が持って生まれた先天的な資質ではなく、技術だということです。それは水泳や自転車や英会話とまったく同じで、トレーニングによって身につくものだということです。よく、「私には人望がないから……」等と言う人がいますが、あれはまちがいです。必要なトレーニングを行えば、だれであれ、人間的魅力や人望を高めることが可能です。今この瞬間から始められることですから、早速チャレンジしてみてください。

ヒューマンベーシック9《ナイン》 ―「感じのいいひとねぇ…」と言われる人になる―

それでは、みなさんの人間的魅力を磨く方法をお話しします。SWCを目指すみなさんには、禅の教えを源とする「ヒューマンベーシックナイン」で人となりを整えることをお勧めします。

このような、中心となる正方形と、そのまわりに8つの正方形が配置されることで成り立っている枠組みを曼荼羅《まんだら》と言います。なので、ヒューマンベーシックナインは、別名を「人格曼荼羅《じんかくまんだら》」とも呼んでいます。

真ん中にある「精神」を、8つの枠が取り囲

【ヒューマンベーシック9（人格曼荼羅）】

所作	呼吸	姿勢
言葉	精神（こころ）	表情
挨拶	態度	身なり

んでいますよね。そもそも8という数字は、物質と精神の二面性の統合を意味する数字と言われています。末広がりという言葉もあるように、「栄光」を導くに値するだけの、「意志力」「組織力」「権力」といった偉大なるパワーを象徴する数字なのです。その形「∞」からも分かるように、8つの要素を盤石に整えることで、無限の精神力が培われるということです。

この人格曼荼羅が意味することは大きく2つ。ひとつは、善なる「精神」は周りにある8つの要素と密接に連動しているということです。人としての基盤である8つの要素がしっかりと整っていれば、必然的に精神状態も善となり、邪《よこしま》なことは考えないものだということを教えてくれています。逆に、どれかひとつでも問題があったとしたら、とんでもないことを発想し、実行に移してしまいかねないと警鐘を鳴らしているのです。

そしてもうひとつが、周りの8要素もそれぞれが密接に相互連動しているということです。例えば、きちんとした正しい呼吸法を身につけている人は表情も柔和だし、相手を傷つけるような言葉も吐きづらい。身なりに気を配っている人は挨拶もしっかりできている場合が多い。いつも姿勢よくきちんと挨拶のできる人はよこしまなことを考えにくい、等々。

モノは試しで、採用面接に臨む時のような非の打ちどころのない姿勢を取って、汚い言葉、不躾な言葉を言ってみてごらんなさい。続けて、思いっきりだらしのない姿勢で、他者を称賛したり感謝したりする言葉を言ってみましょう。満面の笑顔で辛辣な言葉を吐いてみてごらんなさい。その次に、眉間にしわを寄せて気難しそうな顔をして、ポジティブな言葉を言ってみてください。

どうですか？　いずれにしてもむずかしいはずです。人格曼荼羅を構成する9つの要素は、みな密接に関連し、相互に影響をもたらしているからです。

読者のみなさんが福祉の世界で成功しようと思うのであれば、何を差し置いてでもまずはこの9つ、すなわち、人格曼荼羅を整えるべきです。これが定着すれば、例え面と向かって対話をしていない時であっても、あなたの立ち居振る舞いが周囲の目に魅力的に映るはずです。もうおわかりでしょうが、人格曼荼羅は、私たちの心のあり方を教えてくれているわけです。

私自身、若き日に西洋人の上司から教えてもらった時には、ちゃんちゃらおかしいと思っていました。当時は若くて青くて血気盛んだった私です。人格曼荼羅の話を聴いてもさっぱり理解できなかった。そんなことより、とにかく売ればいいんでしょ！　という感じで右から左へと抜けていたと思います。ちなみに、人格曼荼羅のことを教えてくれた当時の上司が、これを「ヒューマンベーシックナイン」と呼んでいたのです。

でも、経験を積んで、歳も重ねて40歳も過ぎる頃になると、人格曼荼羅というものが心に染み入るようになってくるから不思議なものです。今では、これこそが仕事をうまく回していくための真理であると思っています。

それでは、それぞれの要素について、順に解説していきましょう。

1 善なる「精神」 ～ホスピタリティマインド～

人格曼荼羅の中央にくる「精神」ですが、ひとことで言うと、ホスピタリティマインド（おもてなしの心）となります。研修や講演では、「人の嫌がることをしない」・「自分がしてもらってうれしいことを人に積極的にしてあげる」・「目の前の人に対して自分の身内のように接する」というように解説しています。

英語の動詞にエンターテインというのがあります。この言葉にはたくさんの意味があります。例えば、「思いやる」・「慮《おもんぱか》る」・「もてなす」・「いたわる」・「癒す」・「励ます」・「労《ねぎら》う」などなど。私は、ホスピタリティマインドを体現する行為のことを「エンターテインする」と表現するのだと思っています。

2 「呼吸」

きちんとした呼吸というのは腹式呼吸のことを指します。腹式呼吸にはいくつかやり方がありますが、お勧めするのは丹田（下っ腹）に意識を集中させて、ゆっくりと口から吐いて鼻から吸う方法です。

その時に意識してほしいことがあります。まずは吐く時。自分の体内にある汚いもの、不要なもの、醜いもの、邪なもの、不純なもの……。そういったネガティブな要素をすべて躰の外に押し出すイメーシを持ってガーッと吐き出す。逆に吸う時は、この宇宙にある、自分にとって価値のあるものをぜぇ〜んぶ体内に吸収するんだというイメージで吸い込む。このイメージトレーニングをセットにして腹式呼吸をしてみてください。

3 「姿勢」

これはもう背筋をグッと伸ばす。座っている時は、背筋をピンと伸ばして顎を引きます。人の話を聞く時は、軽く手を合わせてそのまま少し前傾姿勢を取ります。逆に、のけ反ったり、足を組んだり、腕を組んだりしてはならない。心理学の世界では、これらは話し手を萎えさせる拒絶のポーズと言われているからです。誰かの話を聴く時の姿勢は、そのまま相手のパフォーマンスやモチベーションに直結します。

立っている時は、肩幅よりやや広めに足を開き、顎を引いてまっすぐ前を見る。両手は自然に脇に置きます。実際に試してみると、きちんとした正しい呼吸を心がけると、自然に姿勢がよくなるから不思議です。というか、人間のカラダというのはそのようにできているのです。なんとも神秘的ではありませんか。

4 「表情」

基本はさわやかな笑顔です。笑顔には3つの効用があります。相手の警戒心を解く。親近感をもたらす。モチベーションを喚起する。素晴らしいことです。

中年男性の場合、この笑顔が苦手な人が多いですね。笑うという行為を、なにかチャラチャラした軽薄なものとして捉えているようなところがあります。戦後の厳しい時代を生きてきた人には特に多いように感じます。周囲を見回してみても、40半ばを過ぎると十中八九、気むずかしそうな顔になっていきます。これは対人関係上、損だし不利だと思います。意識的に和やかな表情を作りたいものです。

どうしても不自然な笑顔になってしまう場合には、口の両脇の筋肉を緩めて、あいうえおの「い」を発音した時のようにしてみてください。この「い」の口をした時の表情は、周囲に安心感を与えます。あの人は話しかけやすそうな人だという印象を醸し出します。あなたは、最近、見ず知らずの誰かから道を尋ねられた経験がありますか？　あるいは、何でもいいから、初めての人から話しかけられたことがあるでしょうか。これは、あなたが好感の持てる表情をしているかどうかのバロメーターです。この1年、誰からも道をたずねられたことがないという人は、今から即、「い」の口を作るように変えるべきだと思います。

5「身なり」

身だしなみと言ってもいいでしょう。ビジュアル的に、他者に不快感を与えるような格好や出で立ちを慎むということです。第一印象というのはとても重要です。さらに言えば、初めて名乗りあった時の印象を第一印象とするならば、言葉は交わしていないけれども同じ空間に居て視界に入っている時に感じる印象を第ゼロ印象といいます。この段階からマイナスの印象を与えてしまうと、ニュートラルに戻すまでに多大な労力とコストがかかってしまうものです。清潔感のあるスッキリしたビジュアルを心がけましょう。

「身なり」というのは、先述の「姿勢」・「表情」と合わせてビジュアルの3大要素です。他者に自分に対する好感や信頼を喚起させようと思ったら、まずは何よりもこの3つの要素に注意することです。

第一印象の6割が視覚的な効果で決まります。話し手である私たちと聞き手の間に情報格差があればあるほど、聞き手は私たちのビジュアルによって私たち全体を品定めしてしまうことが検証されているのです。この驚愕の真実を再認識すべきです。

6 「態度」

これは人間として生きていくうえでの基本的な生活態度という意味です。例えば、「人を欺かない」「人に暴力を振るわない」「人に暴言を吐かない」「人のものを盗まない」「ウソをつかない」「約束や時間を守る」「人からお金を借りない」といった、他者が嫌がることや公序良俗に反することは決してしないということです。

7「挨拶」

そもそも「挨拶」という言葉の意味は、自分のほうから心を開いて相手に近づいていくこと。SWCを目指すみなさんには、最強の挨拶、「愛語」を自分のモノにしてほしいと思います。曹洞宗の開祖である道元が提唱した「愛語」ですが、江戸時代に、道元を師と仰ぐ良寛さんが、こんなすばらしい話は広く一般大衆にも広めるべきだと考え、師の言葉をやさしく噛みくだいて解説してくれて今日に至っています。これは、私の知る限り、最強の人間関係構築術です。「愛語」については、詳細を後述します（p103）。

8「言葉」

私たちは、日本語であれば「あ」から「ん」までの47文字を紡ぐことで、ありとあらゆる理屈や感情を話しています。これは凄いことです。ある時、この文字たちの配列を見ていて気づきました。かつての万葉仮名（いろはにほへとちりぬるを……）も現代仮名も「愛」から始まっているということに。「いろ」というのは儚さ（はかなさ）の象徴であり、人間界でもっとも儚いものとされたのが男女間の恋情、つまり、愛だと考えていいと思います。

だとすれば、話すという行為の原点は愛。ならば、私たちが誰かに何かを話す時、そこには愛が込められていなければならないということになります。「あなたのために善かれと思って、だから今、あえてこの話をしているんだよ」という信念のようなもの。それが聴く者のこころに届くのだと思います。

また、愛を「I」と考えれば、話すという行為は自分自身の映し鏡。そこには、私たちの生きざまや人生観のようなものが込められているということです。私たちの口から発せられる一言一句によって、相手はそれを口にした人のすべてを感知してしまうかもしれないということです。

さらに、愛を「eye」と解釈すれば、それは心眼。目には見えないものを感じ、気づき、見抜くこと。心の目で見たものを伝えることが、私たちの仕事や職場に大きな影響をもたらすものなのかもしれません。だからこそ、他者を傷つけたり、貶めたりするような言葉は決して吐いてはなりません。上に立つ者であればなおさらのことです。

9 「所作」

これは日常生活のさまざまな場面でふっと出る何気ないマナーやエチケットのことです。「後から入ってくる人のためにドアを押えておく」・「座席を倒す時に後ろの人に断わる」・「席を立つ時には倒した座席を元の位置に戻す」・「タバコに火をつける前に周囲の人に断わる」・「席や順番を譲る」・「公共の場で大きな声を出さない」・「相手の話を遮らない」・「道に唾を吐かない」「くしゃみをする時は口を押える」等々。そんな謙虚で配慮のある立ち居振る舞いのことです。例え人が見ていない場所であっても、自分が自分に課した行動基準を遵守する。こういう人、カッコいいと思いませんか？

愛語最強論

曹洞宗の開祖・道元さんは、その経典ともいわれる『正法眼蔵』のなかで、「愛語」には、芳しくない状況下にある人をも前向きな気持ちにさせ得るほどの計り知れないパワーが秘められていると書いています。ちなみに、180度、事態が好転することを「廻天《かいてん》」と表現しています。

道元さんを師と仰ぐ良寛さんによると、**「愛語」は5つの要素で構成されています。「笑顔で」・「相手の名前を呼びながら」・「何かひとつ質問をしてあげて」・「相手の答えをそのまま受けとめて」・「褒めてあげましょう」**というものです。

「笑顔で」

「笑顔で」というのは、他者から見て、「あの人、話しかけやすそうだな」と思わせるような表情です。相談を受けるSWCが眉間にしわを寄せて気むずかしそうにしていると、それだけでシニアは気後れしてしまうでしょう。周囲の空気が重くなります。しまいには異臭まで放つようになります。いわゆる仏頂面は周囲の空気を重くします。一度、鏡に映る自身の顔を眺めてみてください。街でその人に出会ったら、あなたは声をかけてみたくなるでしょうか。それとも避けて通りたくなるでしょうか。

「相手の名前を呼ぶ」

人というのは基本的に他者の話を聴きたがらない動物です。カラオケボックスをイメージしてみてください。例えば上司もしくは先輩であるあなたがマイクを握っていたとして、同席者たちの反応はどうでしょうか。おそらく誰ひとり聞いてやしない。スマホをいじったり、ピザをほおばったり、タッチパネルで選曲したり……。人間というのは、耳栓をすることもなしに興味のない話をスルーできる高等動物なのだそうです。聴いているフリだけでもしてくれていたらまだ救われるのですが……。

でも、他者の話を積極的に聞こうとするケースが2つあります。ひとつは、好きな人の話。もうひとつが、相手の口から自分の名前が発せられた時。他者の口から自分の名前が発せられたのを感知することで、快楽ホルモンが分泌されることがわかっています。それほどの快楽なのです。だから人に声をかける時は、必ず名前を添えるべきです。

ただ単に「あっ、こんにちは」ではなく、「あっ、山田さん、こんにちは」といった具合に。相手はSWCであるあなたに認識してもらえているのだという安心や安堵を覚えます。自分はここに居てもいいのだな。ここには自分の居場所があるのだな。そう実感することができるのです。そして、積極的に自分の名を呼んでくれる相手を好きになるという一石二鳥のオマケまで付いてきます。

「何かひとつ質問する」

これには、どのような意味があるのでしょうか。人は他者の話は聞きたくない一方で、自分の話を話したい、誰かに聞いてほしいという身勝手な本能を持っています。だから質問してあげるのです。質問は、相手に対して関心を持っていますよという意思表示です。自分に関心を持ってくれる人に対しては、もっともっと良い関係を深めていきたいという意識がおのずと芽生えてくるものなのです。

「体調、いかがですか？」・「夕べはよく眠れましたか？」・「お変わりないですか？」・「問題ないですか？」……。

何だっていいのです。単なる挨拶にひとつ質問を付け加えることで、相手の存在を認識し気にかけているということが伝わればいいのですから（笑）。

「相手の答えをそのまま受けとめる」

これは簡単です。あなたから質問された相手は何かしら言葉を発してくるでしょうから、それをしっかりと肯定的に受けとめてあげればいい。「へぇー、そうなんだ」・「よかったね」・「いいね！」といったポジティブな心で共感・受容してあげるのです。存在をまるごと認めてあげるのです。笑顔や相槌、頷くだけでもいい。同性であれば、軽く肩を叩いたり、握手したりも〇Ｋです。

「ほめる」

これをあまり仰々しく考えないことです。何か相手の心をプッシュアップしてあげるような前向きにするような言葉を添えてあげるだけで構いません。「すごいね」・「やるじゃん」・「素晴らしい」・「最高」・「〇Ｋ牧場」等々。

積極的に愛語を積み重ねていけば、職場も家庭も友人関係も、あらゆる人間関係が円滑に回りだすから不思議です。時に、何かの事情でネガティブな状況下にある人に、あたかも暗雲からひと筋の光が射しこむかのように、勇気や希望をもたらすパワーをも秘めています。道元さんは、それをもって「廻天する力（ネガティブな状況を１８０度好転させることのできる力）」と教えてくれているのです。

是非とも今日から実践してみてほしいものです。

そして、この愛語。単なる挨拶の場面だけでなく、いろいろな応用が利くのが素晴らしい。グッドジョブを評価されてノッてる人に。ミスをして落ち込んでいる人に。体調を崩している人に。回復して現場復帰した人に。身内に不幸があった人に。サポートしてくれた人にお礼を告げる時に。さらに……。ランチの会計をする際にレジの人に。バスやタクシーの運転手さんに。買物をした時の店員さんに。大きな荷物を抱えて大変そうな人に。もちろん、配偶者や子どもに対するあらゆる場面で。5つの要素の「笑顔」のところを状況に応じて変えればいいだけです。表情に加え、音調・語調も相手の置かれている状況に応じてアレンジすることは忘れないよう気をつけてください。

普段のあなたの考え方にもよりますが、変わることをためらう人は多いものです。それは現状を変えないのがいちばんラクだから。しかし、福祉の世界で成功しようと志すのであれば、是非とも変わってほしいものです。意図的に変化することをエンジョイするくらいの器であってほしい。そう願い信じたい。そりゃあ、はじめは周囲から変な目で見られるかもしれません。でも、人目を気にしている場合じゃありません。今から愛語をクセにしておくことです。心からそう思います。

というのも、愛語は他者の気分を良くしますが、それよりも大きいのは、前向きな挨拶を発した本人、つまりあなた自身が最大の恩恵を受けるということです。例えれば、満員電車で年長者に席を譲った時のようなハートウォーミングな気持ちになれるはずです。それは体内の免疫力を高め、健康を維持する上でも大いに役立つはずです。

まぁ、ダマされたと思って1日。出会う人に、終日、意識的に愛語を使って声かけをしてみてください。相手が呼応してくれたら儲けもの。最悪、怪訝な顔をされたり無視されたりしたとしても、あなた自身の心身にプラスの効果をもたらすことはまちがいないので無駄ということはありません。もしも3日つづけることができたとしたら、あなたの周囲の景色が少しずつ変化していくのを体感できるはずです。

自尊心という名の地雷

人間的魅力パーソナリティーに磨きをかけると同時に、相手に好感をもたらすコミュニケーション技法を身につける必要があります。結局、人を動かすのは、信頼のおける人が発した気のきいた言葉です。医療や介護をはじめとするシニア援助の専門技術だけでは、なかなかおカネを払ってはくれないものです。やはり、日常的なコミュニケーションはとてつもなく大切なのです。

好感度の高い人がキッチリかつ感じよくメッセージを届けることで、はじめて相手はあなたから商品を購入するのです。要は、言葉という「相手を意図する方向に動かす最強の武器」を使いこなせるかどうか。これがSWCとして成功できるかどうかの浮き沈みを握っています。

人は誰しも、自分は正しいと思っています。自分は特別だと思っています。今は望ましい状況にない人でも、いざとなれば自分はやれる人間だ……と思っています。**コミュニケーションでいちばんしてはいけないのは、こうした相手の自尊心を踏みにじることです。**

読者のみなさんには、SWCに求められる基本的なスキルとして、シニアの方々にプラスの印象をもたらすようなコミュニケーションスタイルを知ってほしいものです。なぁに、そんなにむずかしいモノじゃありません。わずか2つの技法をモノにすれば大丈夫ですから。順番に解説していきますので、今日から友人や家族を相手に実践してみてください。

おもてなしの逆算話法《ぎゃくさんわほう》

「逆算話法」ってご存知ですか？

私たちは何気に言葉を吐いています。五感で感じたままに、あれやこれやとくっちゃべっています。こういうのを、「中枢神経《ちゅうすうしんけい》でしゃべる」といいます。これを即刻やめてください。これからは、「感じて、話す」のではなく、「感じて、考えて、話す」のです。

で、問題は、「何を」考えるのか、です。答えは、「あなたの吐く言葉を聞いた相手がどんな気持ちになるか」です。福祉の世界で成功しようとするみなさんにとっていちばん大切なこと。それは、**「これからあなたが発する言葉を耳にした相手が、どんな心情になるか」を考えた上で話す**ということです。

当然ながら、ネガティブよりもポジティブになってもらったほうがベターでしょう？

ならば、相手が前向きな気持ちになるように、言葉と表現を選んで話をするよう意識しなければいけません。同じ主旨のことを伝えるのであっても、その伝え方で相手の受けとめ方は大きく変わるものです。私たちの伝え方次第で、相手は天にも上るかのような気分にもなるし、奈落の底に突き落とされたような暗い気分にもなるのです。

例えば、あなただって、忙しい時に誰かから「これもやっておいて」と、一方的に指示されるような言い方をされたらどんな気持ちになるでしょうか？　表面上は「はい。わかりました」と言うかもしれませんが、こころでは「ちぇっ。勝手なことばっかり言いやがって」と舌を打つかもしれません。

このケースで、逆算話法で相手の胸の内に前向きな気持ちを沸き立たせようとしたらどうなるでしょう。おそらく、「忙しいところ申し訳ないけれど、これもやってもらえたら助かるよ。お願いできるかな？」みたいな感じになるでしょう。内容的にネガティブなことを伝える時ほど、この逆算話法は有効です。

この積み重ねが、あなたという人間の好感度を引き上げるのです。

これからは、言葉を吐く前にちょっと頭のなかを整理して、相手にどんな気持ちになってほしいのかを考えるようにしてください。あなたと言葉を交わすことで、そうする前と比べて、相手が明るい気持ちになるように配慮しながらコミュニケーションを取る。そうじゃなきゃ、わざわざ、相手の限りある時間と寿命を奪ってまで会話する意味がありません。意味がないどころか、罪ですよ。これが私たち人間にだけ与えられた「ことば」というものの本質です。

相手と話す時、そこには愛がなければなりません。相手のために善かれと思って伝えるのです。だから、ことばを紡ぐ文字（五十音）は「あい」からはじまります。聖書にもあるように、「まずことばありき。ことばは神なりき。これに命あり。この命は、ひとの光なり」なのです。

全身共感傾聴技法 ―SWCは超能力者？―

人間関係を築く上で、話し方以上に重要なのが、相手の話の聴き方です。聞き方ではなく「聴き方」です。相手の話を聴く時は、全身全霊で共感しながら聴きます。「もしも私があなたの立場にいたとしたら、やはり同じように感じると思います」と、頷いたり相槌を打ったりしながら、共感を示すことが重要です。これがカラダ全体で相手の話を聴くということです。

私たちは、大人になるにつれて、人に話を聴いてもらえなくなるものです。ただでさえ忙しい世の中です。人はみな、自分のことで精いっぱい。他の人の話なんて聞きたくないのです。ご自身のことをちょっと考えてみればわかるはずです。

ＳＷＣであるみなさんが接することになる相談者にしても同様です。シニアであれば、お子さん世帯とも離れて暮らしている可能性が高い。配偶者に先立たれているかもしれない。そうでなくても、長い結婚生活のなかで夫婦の会話が減っているかもしれない。家でも外でも、誰かに話を聴いてもらえる機会はそうは多くないはずです。

だからこそ、あなたが聴いて差し上げることに価値があります。人はみな、自分の話を聴いてくれる相手を好きになるものなのです。デキるＳＷＣは、超能力者ならぬ **「聴能力者」** たれ、です。

目指せ3冠王

さて、ここでちょっとヒューマンベーシックナインのことを思い出してください。人格曼荼羅の真ん中に「精神」とありましたよね。善なる精神とは、ホスピタリティマインドのことであり、それを体現することを「エンターテイン」と言うんだとお話ししました。しかし、あなたがシニアをエンターテインしただけでは、あなたの「人望」は片手落ちです。まだまだ福祉の世界で成功するには不十分です。

わかりやすく言えば、いつも愛想が良くて話を聴いてくれて、時には飲み代も出してくれて……というだけではダメだということです。周囲からの人望を高めるためには、相手のあなたに対するリスペクトがなければなりません。

繰り返しますが、「信ずる者」と書いて「儲（もうけ）」と読みます。相談者の信頼を得られてこそ、はじめて商品やサービスが売れるのです。さらに、「人に言う」と書いて「信」なのです。つまり、儲けとはあなたのことを「人に言ってくれる者」なのです。「あの人は頼りになるわよ」とか「あの人に相談してみたら」とか、要するに口コミを発信してくれると言うことです。信頼を得ることで収益はおのずとあがってくるということです。

それでは、周囲から「信を得る」にはどうすればいいのでしょうか。私が思うに、リスペクトの源泉は「観」です。あなたの確固たる価値観。何があってもブレない価値観。人生観・死生観・仕事観・社交観・福祉観……。平たく言えば、基本的なモノの見方や考え方ということ。生きていく上でいちばん大切に思っていることです。人間を長くやってきて、自分なりの価値観がない人は、他者から見ると薄っぺらいものです。

ＳＷＣとして接することになるシニアは、あなたにとっては人生の先輩であることが多いでしょう。となれば尚更、あなたには人間としての厚みが求められます。で、この価値観の源泉になるのが、教養というやつなのです。

余談ながら、「エンターテイン」とか「ホスピタリティ」を漢字一文字で表せば『歓』となります。また、「リスペクト」されるための源泉を漢字一文字で表せば『観』となります。そして、ＳＷＣには、この「歓」と「観」をいかなる局面でも言行一致させることが求められます。これを漢字一文字で表せば『貫』となります。ということで、「デキるＳＷＣは三カン王（三冠王）」と記憶していただければ幸いです（笑）。野球をご存知ない方は……、ごめんなさい。

教養がないと嫌われる

ところで、教養がないとは、具体的にどんなことを言うのでしょうか？

教養がない人は、時に非常識になることを平気でする場合があります。よく目にする光景としては、電車のなかで大声で騒ぐ、モノを食べる、メイクをする。仕事の場では、約束の時間に平気で遅れる、お礼や謝罪の言葉が言えない、目上の人に敬語が使えない等々。人間生活でいう常識的なことがわからないし、できないのです。

教養がない人は、言葉遣いがきれいじゃありません。言葉遣いというのは、その人の人となりを丸ごと表します。平気で汚い言葉を使ったり、初対面の人にため口をきいたり、年齢に合わない言葉を乱用していたり、お店やレストランで横柄な言葉遣いをしたりしている人を見かけるとめまいがしますよね。周囲を思いっきり不愉快な気分にしているわけで、それはもう本人だけの問題ではありません。

教養がない人は、会話が表面的です。ボキャブラリーが決定的に少ないからです。「えっ、うっそ～」・「まじ～」・「やばい」・「かっわいい～」・「逆に～」・「なるほどね」等々のワンワード・コミュニケーションが顕著です。こうした言葉遣いは、真剣さが感じられないゆえに、物事を軽く見ている印象を相手に与えます。そして、嫌われます。時と場合もお構いなしに限られた言葉を連呼するようであれば、相手はあなたを教養がない人だと思うでしょう。

教養がない人は、物事を深く考えません。思ったことを、周囲の反応も考えずにそのまま言動してしまうことも多々あります。「こう言ったらこうなる」「こうしたらこうなる」ということを予測することができず、同じ失敗を繰り返したり、無駄に労力を使ったりする傾向があります。

教養がない人は、視野が狭いです。自分のごくごく身近で起こっていることがすべてで、それ以外の世界には関心を示しません。朝から晩までバラエティー番組を観ながら過ごしています。そこから垂れ流される情報だけを鵜呑みにして、真実を探ろうという意識はありません。また、自分とは相容れない他者を受け入れないような傾向があり、組織でうまくやっていくことが苦手な場合が多いです。

もしもあなたのまわりに、「なんかこの人と一緒にいても楽しくないなぁ」と感じる人がいたとしたら、おそらくその人は教養のない人です。人は互いに尊重しあうことで成長していくもの。自分に興味あることしか考えない人と一緒にいても、楽しくないはずです。

自分の話、人の噂、芸能話、配偶者の愚痴……。それらがエンドレスに続くだけで、相手への配慮などかけらもありません。そんな人と一緒にいても楽しいはずがありません。なぜなら、その人から得るものが何もないからです。

教養の有無は、勉強ができるかできないかの話ではありません。相手への配慮という、人として最も重要な部分にも直結しているということを**忘れないでほしい**と思います。

最速で教養を身につける方法

いかがでしょうか。教養がある人かどうかを見わけるには、ものの数分、会話をすれば事足ります。教養がある人とない人とではボキャブラリーに大きな違いがあるし、言葉遣いにも明らかに影響が出ます。ということは、「この人は教養があるなぁ」と思われようとするならば、会話の中身を改善していけばいいということになります。

余裕を持って丁寧に話す、ボキャブラリーを豊かにする、言葉遣いに注意するなどを徹底すれば、あなたの本来の教養はどうであれ、他人から見れば「教養がある人」だと思われる可能性があるということです。

しかし、です。読者のみなさんは、ＳＷＣとしてシニアの抱えるさまざまな問題解決をすることで、ワンランク上のステージに上る人たちです。ここはやはり、周囲からリスペクトを受けるに相応しい、本当の意味での教養を身につけてください。

なぁに、安心してください。今からご紹介する短期集中トレーニングで、あなたの教養はあっという間に高まるはずですから。トレーニングとはいっても、別にストイックな要素はありません。通勤通学の途中や夜寝る前にマンガを読むだけです。

私たちの肉体は、過去に食べたり飲んだりしたもので出来あがっています。同様に、私たちの精神は、過去に出会った人や、読んだ本や、訪れた土地などから受けたさまざまな刺激で成り立っています。その意味で、私は、人との交流や読書や旅行は魂の触媒だと思っています。

で、これらのうち、いちばん手っとり早くあなたの教養を高める方法が読書です。読書が苦手な人はマンガで構いません。ただし、古典に限ります。偉大なる先人の思想や哲学に触れることで、あなたの価値観を作り上げるのです。

マンガでアナタも教養人

大学生は学部を問わず、入学と同時に一般教養を学びます。一般教養とは、人文科学・社会科学・自然科学の総称です。具体的には、人文科学は、歴史・哲学・文学・言語など。社会科学とは、社会・政治・経済・法律・社会心理学・教育学など。自然科学は、物理・化学・生物・天文・地学・工学・農学・医学などです。これらを幅広く学ぶ過程で、自分のこころにビビッとくるものとの出会いがあるものです。

しかし、今から大学に通ってくださいと言ってもおカネと時間がかかりますから、マンガを読むことをお薦めします。

いくつかの出版社から、「マンガで読む古典」みたいなシリーズが出ています。優に200タイトルくらいあるでしょうか。実に広範囲に渡っていて、どれも小一時間もあれば読めてしまうくらいに、簡潔かつ面白くまとめられています。

古典の名著を本気で読破しようと思ったら、せいぜい夏休みに2、3冊読めるかどうかです。それがいとも簡単に1日1冊、楽勝で読めてしまうのですから今の人たちはラッキーです。これを活用しない手はありません。

ちなみに、私の価値観を形成した、シェイクスピアの四大悲劇、、ダンテの「神曲」、スタンダールの「赤と黒」、ゲーテの「ファウスト」、アランの「幸福論」、キルケゴールの「死に至る病」、武者小路実篤の「友情」、フランクルの「夜と霧」……。

ああ、何ということでしょうか！　これらがみな、いとも簡単にマンガで読めてしまうだなんて！　本当に驚きです。これはもう、読まない手はありません、絶対に。

具体的には、これから言う3つのステップでマンガを読んでいきましょう。

タイトルや表紙で読むマンガを決めたら、まずはラインマーカーを手にサクサクと読み進めます。

読んでいる途中で、ビビッとくるフレーズがあったら色を塗ります。1冊読めば、最低でも2～3個は気になるフレーズがあるものですからね。そこには付箋を貼っておきましょう。

次に、読み終えたら、付箋の貼ってあるフレーズを、声に出して読みながらノートかカードに書き写します。

最後に、24時間以内に、そのフレーズを友だちや後輩や恋人や家族にもっともらしく語ります。古典からの受け売りではなく、自分の言葉として。月9ドラマの主人公にでもなったつもりで、役を演じきってください。こうすることで記憶に定着し、本当に気に入ったフレーズはいつしか本当にあなたの価値観になることでしょう。

たったのこれだけです。たったのこれだけで、あなたはもう立派な教養人です。

こうして数々の古典を制覇し、そこから得たキーワードやキーフレーズを自分のモノにしてしまえば、あなたはもう軽～いうわべだけの人間には見られなくなります。極端な話、ＳＷＣにならなかったとしても、あなたの人生と精神が豊かになることは保証します。

躊躇せずに今日からやってください。これこそは最強の学習法です！

さいごの仕上げは専門性《スペシャリティ》

ここまでのトレーニングで、読者のみなさんは、SWCとして福祉の世界で成功するための3つの階段を登ってきました。本当にお疲れ様でした。

ヒューマンベーシックナインを習慣化することで、あなたのパーソナリティー（人間力）はとても魅力的なものになったことでしょう。シニアからは、こう言われることでしょう。

「あの人、本当に感じのいい人ねぇ」。

逆算話法と全身共感傾聴技法で、あなたのコミュニケーションスキル（対話術）は格段と進化を遂げたことでしょう。シニアはこんなふうにあなたを評しているはずです。

「あの人と話すと楽しいのよねぇ」。

短期集中で古典マンガを読み漁り、ビビッときたフレーズをモノにしたあなたは、教養ある人という評価を勝ち得たことと思います。シニアからは、こんなふうに言われている可能性が高いです。
「あの人、本当に知的な人よねぇ」。

さあ。そしていよいよ最後のトレーニングです。

ズバリ、シニア援助技術の習得です。これがあってこそ、シニアから、「あの人、本当に頼りになるわねぇ〜」と感謝してもらえるのです。で、この信頼がおカネとなってみなさんの生業となるわけです。

福祉の世界で成功するということは、地域のシニアのさまざまな相談を受け、抱えている問題を解決してあげることの対価として、彼らからおカネをもらうことに他なりません。

マインドセット編でも言いましたが、この「シニアからおカネを取る」という行為にためらいは禁物です。相手の納得こそが正義であると認識すべきです。

確かに、いまだに福祉はタダと思っているシニアもいることはいます。でも、そういうシニアは、SWCであるみなさんにとっては相応しいお客様ではないと割り切りましょう。

くれぐれも、この点だけはまちがえないようにしてください。

シニア援助の専門技術などというと小難しく聞こえるかもしれませんね。でも大丈夫です。シニアの悩みなんて、みんな同じようなものですから。よくあるテーマを10個くらい。それらの問題解決法さえ知っておけば何も心配いりません。仮にイレギュラーな相談が来た場合には、それこそ医療や介護の門外漢であっても子が親のために必死で解決に向けて動くようにやればいいだけのことです。シニア援助の専門技術を身内のような愛に包んでお届けする。これがＳＷＣの真髄です。

生老病死のプロセスを知る

人の一生は、よく「生老病死」に例えられます。パート1の『マインドセット編』でもご紹介した良寛さんは、『表を見せ、裏を見せて散る紅葉』と詠みました。人間は迷ったり悟ったり、病気をしたり健康になったり、また喧嘩をしたり仲良くしたりしながら人生を送り、そして時期が来れば、丁度紅葉の葉が散って行く様に散っていくのです。医学の世界では、この生老病死を「健常期・発症期・療養期・終末期」と言います。このステップに応じて、シニアの身に、解決しないといけないさまざまな問題が生じてきます。

パート2の「ゴールセット編」で紹介したとおり、『NPO二十四の瞳』では、24時間365日対応の電話相談サービス「お困りごとホットライン（通称コマホ）」を会員制で提供しています。例年、1年間にシニアから寄せられた相談内容を集計し、メディアに配信しているのですが、やはり過去10年、上位にくる相談テーマは、多少の順位変動はあるものの、ほとんど変わりません。

SWCは、これらすべての相談窓口であり、ワンストップショッピングカウンターです。SWCがいればこそ、シニアのみなさんは、自治体のように、あちらこちらの窓口に個別に出向いて、何度も同じような説明をしないで済むのです。

SWCは、医者や弁護士等の専門家のように、「守備範囲外のことは知りませんよ」という紋切り型の対応はしません。しかも、24時間365日年中無休で、いつでもシニアの悩みに向き合います。

SWCは、シニアにとって、身内のような存在でありたいと願います。だからこそ、いつでも何でも気軽に相談していただけるような体制を整えているのです。

シニアの悩みはみな同じ

次頁の表『シニアのよくある相談トップテン』をよぉく見てください。「施設探し」が、2012年以降、5年連続で相談内容のトップです。次いで、「エンディングに向けた老い支度に係る相談」、「認知症の老親についての相談」がここ数年で増加傾向にあります。「セカンドオピニオン」、「予算に見合う葬儀社探し」、「病医院や自治体との折衝」は、まさに定番と言っていいほど不変です。加えて、「家族関係の修復」が増えていますが、これは老い支度の一環と考えていいと思います。

こうしてみると、医療と介護とおカネに係る問題を解決できるように準備しておきさえすれば、9割方の相談に対応できることになります。なので、ゴールセット編の最後のほうで申し上げたように、「シニア援助技術はしくみ化できる」と考えて差し支えないのです。

しくみ化とはマニュアル化であり、だれが対応してもほぼ均質のサービスを提供できる……ということに他なりません。必ずしも、社会福祉士やケアマネジャー等の専門資格の取得が必須ではないのです。

〈電話受付件数〉

順位	2015	件数	2016	件数
1	介護施設等の情報収集	36	介護施設等の情報収集	129
2	老後の生活設計	34	医療関連の情報収集	127
3	認知症関連の情報収集	33	認知症関連の情報収集	77
4	相続関連の情報収集	23	老い支度に係わる情報収集	63
5	葬儀社の情報収集	22	セカンドオピニオン	55
6	セカンドオピニオン	21	資産承継に係わる情報収集	35
7	医療介護費用の負担軽減	20	葬儀社の情報収集	34
8	カルテ等の入手	17	医療介護費用の負担軽減	32
9	家族関係の修復	11	リビングウィル	16
10	リビングウィル	8	お寺とのトラブルに係わる相談	8

〈オンサイト対応件数〉

順位	2015	件数	2016	件数
1	介護施設等への同行	48	条件に見合う施設探し	34
2	老い支度の個別相談	38	老い支度の個別相談	28
3	葬儀社の紹介	28	親の認知症に係わる問題解決	26
4	限度額認定の手続き	27	セカンドオピニオン	24
5	出張イベントの開催	25	予算に見合う葬儀社探し	20
6	認知症カウンセリング	21	家族関係の修復	19
7	医療機関への同行立ち会い	14	医療機関との各種折衝	17
8	セカンドオピニオン	12	限度額認定の手続き	15
9	家族問題カウンセリング	12	生活保護受給手続き	9
10	カルテ等の入手	10	リビングウィルの手続き	8

【シニアのよくある相談】

〈電話受付件数〉

順位	2012	件数	2013	件数	2014	件数
1	介護施設等の情報収集	36	介護施設等の情報収集	112	介護施設等の情報収集	132
2	医療介護費用の負担軽減	34	在宅介護等の対処法	87	老後の生活設計	97
3	治療効果への疑念	33	治療効果への疑念	30	医療関連の情報収集	45
4	カルテ等の入手	23	医療介護費用の負担軽減	28	葬儀社の情報収集	40
5	葬儀社の情報収集	22	葬儀社の情報収集	27	医療介護費用の負担軽減	25
6	介護事業者との折衝方法	21	カルテ等の入手	25	薬の処方	17
7	薬の処方	20	相続関連の情報収集	22	カルテ等の入手	16
8	相続関連の情報収集	17	老後の生活設計	22	認知症関連の情報収集	14
9	がん関連の情報収集	11	薬の処方	20	相続関連の情報収集	13
10	突然の退院勧告	8	がん関連の情報収集	9	突然の退院勧告	7

〈オンサイト対応件数〉

順位	2012	件数	2013	件数	2014	件数
1	介護施設等への同行	18	介護施設等への同行	27	老い支度の個別相談	35
2	限度額認定の手続き	17	老い支度の個別相談	18	介護施設等への同行	34
3	老い支度の個別相談	17	カルテ等の入手	18	葬儀社の紹介	21
4	カルテ等の入手	17	限度額認定の手続き	16	出張イベントの開催	14
5	セカンドオピニオン	15	介護事業者との折衝	15	限度額認定の手続き	13
6	相続関連手続きのガイド	15	相続関連手続きのガイド	15	カルテ等の入手	12
7	介護事業者との折衝	13	セカンドオピニオン	13	セカンドオピニオン	12
8	葬儀社の紹介	12	転院先の確保	10	資産分割の個別相談	11
9	転院先の確保	7	葬儀社の紹介	10	健康維持に係わる個別相談	10
10	医療事故関連の調査	4	土地の有効活用相談	9	転院先の確保	6

いや、むしろ、介護以外の別の世界を見聞きしてこられたみなさんのほうがいいかもしれません。企業で管理職を経験されてきた方なら、ＳＷＣに求められるマネジメントスキルをすでにお持ちでしょう。コンビニや携帯電話ショップで活躍されている方であれば、そのホスピタリティマインドが大きな武器となるでしょう。もちろん、介護職のみなさんであれば、すでに医療や介護等に係る法制度に精通されていることと思います。

それ以外にも、シニアと触れ合うことが苦にならない方であれば、最低限の情報武装をすることで、ＳＷＣとして十分に活躍できるはずです。それが「福祉をしくみ化」したことの効用なのです。

読者のみなさんがＳＷＣとして活躍している姿をイメージできるよう、施設さがしを例にしながら、シニア援助技術の一端を紹介しますね。

シニア援助技術の実際①

―終のすみかはこう探す―

過去4年、『NPO二十四の瞳』のコマホに寄せられる相談のうち、もっとも多いのが「終のすみか」の問題です。要は、さいごの生活場所。これに対する問題解決の流れを紹介しておきますね。シニアから電話相談を受けている場面をイメージしながら読んでみてください。

「終のすみか」の相談でイヤになっちゃうのは、電話してくる人のほぼすべてがこう訊いてくることです。

「どこかに良い施設、ないでしょうか？」

相談を受けるSWCとしては、彼らと同じレベルで、「そうですねぇ～」などとほざいて考え込んではいけません。

クールに「お宅さまにとって、良い施設とはどのようなものなのか。まずはそこからお教えいただけますか？」と返したいところです。

基本的に、悩めるシニアは表層的です。物事をじっくり考えていません。いや、深く考えられなくなってしまうのが老化現象と言っていいのかもしれませんね。

だから、一緒に「良い施設」の定義をしてあげるのです。

大前提として、まずは3つのことを質問してあげます。

最初に、「施設に入られる方の健康状態を教えてください。自立？　要介護いくつ？」。

続いて「月々の予算はおいくらくらいでしょうか？」。

最後に、ご希望のエリアは？　できれば想定する駅をいくつか挙げてもらえますか？」。

こんな感じです。

この3つがわかると、候補となる施設を8割がた絞ることができます。

逆に言えば、これらが定まらないままに探そうとしても、収拾がつかなくなります。

なお、月額予算ですが、こんなふうに計算します。覚えておいてください。

「ひと月あたりの年金受給額＋〔預金額÷（100歳−現在の年齢）÷12ヵ月〕＋ひと月あたりのお子さんからの援助額」

年金というのは、偶数月に2ヵ月分がまとめて支給されます。

仮に相談者が「13万円です」と答えたとしても、ひと月あたりになおすと6万5千円であることはよくありますから注意が必要です。

また、預金ですが、現在80歳の人が施設に入るとします。

今は100歳まで生きるのはザラですから、20年間を施設で過ごすことになります。

仮に1200万円の預金残高であれば、1200÷20＝60万円。これが年間予算です。月額にすると5万円になります。

あと、お子さんが毎月5万円を援助するとしたら、6.5万円＋5万円＋5万円＝16.5万円。

ただし、施設も基本料金（居住費・管理費・介護費・食費）以外にレクリエーションやら生活備品やら請求されるので、16.5万円の8掛けを月額予算と考えるのが妥当です。

つまり、このケースなら、16.5×0.8＝13万2千円……となります。

健康状態と予算が決まれば、候補となる施設の形態（特養・老健か老人ホームかサービス付き高齢者向け住宅か）が決まります。

で、希望エリア（区市町村名や最寄り駅）が決まれば、厚労省が都道府県毎に整理している介護情報公表システムで検索するだけです。抽出された物件の中から3つほどピックアップしてあげましょう。

つぎに、施設に入られる方のライフスタイルを教えてもらいます。

毎日の生活において必要不可欠なこと。生きがいにつながるようなこと。日常生活での譲れない条件です。だれかの介助が必要になったとしても、どうしても外せない生活上のニーズやウォンツが誰にもあるものです。ティッシュペーパー・トイレットペーパー・シャンプーリンス・洗剤等のかさばる買い物を頼みたい。自室で食事をとりたい。たまには酒を飲みたい。ペットを持ち込みたい。タバコを吸いたい。カラオケに行きたい……。

そんな、何がなんでも実現したい要望を3つくらいあげてもらうのです。

他にも、緊急時の対応とか、エンディングに向けての老い支度など、必要となるサポートがあるはずです。

そうして、絞りこんだ施設を見学した時に、こうした要望を施設側に伝えて、対応可能かどうか確認する。施設に入ってしまってから、「こんなはずじゃなかった……」とならないように、譲れない条件を明らかにして施設側の言質を取るプロセスがとても重要ということです。

ここらあたりまで相談者に伝えると、彼らは「自分だけで施設を探すのはむずかしそうだな」と感じているはずです。そうすると、「そちらでやっていただくと、おいくらになるのでしょうか？」という流れになるわけです。

そこで、「お仕事の合間に施設を探すのが困難というお子さん世代は多いもの。そんなみなさんのために、ご希望に合った施設探しの一切を代行する個別支援パッケージを用意しています」と伝えるのです。

「終のすみか探し」の相談であれば、こんな具合です。これが標準的な流れです。

イメージしていただけるでしょうか？

シニア援助技術の実際②

―家族の認知症で悩める人はこう救う―

最近増えている認知症の問題。これを解決するのが、「SOS：スペシャル・オケーション・サポート」と称しているパッケージサービスです。問題行動を伴う認知症等、老親や配偶者の介護問題を抱えるご家族のための、当事者の緊急保護入院および退院後の入居（入所）先確保に係る総合支援サービスです。

【具体的内容】

①訪問による聞き取り調査（ご要望の詳細確認）
②該当医療機関の選定およびもの忘れ外来への受診同行
③主治医および医療相談室（MSW）との折衝
④入院予約の確定および入院時立会い
⑤月次経過面談への立会い（退院後のプランについて）
⑥退院後の入居（入所）先確保および現地見学の同行

⑦契約手続き立会い
⑧四半期ごとの近況確認とご家族への報告
⑨トラブル時の対応
⑩倒産時等の転居先探し

シニア援助技術の実際③
―その他の個別支援メニュー―

以下、私どもがパッケージ化している個別支援メニューの中身です。

終のすみか探し

お子さん世帯が遠方の方やご家族のない方におすすめの、希望条件に合致した「さいごの生活場所探し」に係る総合支援サービスです。

【具体的内容】
①訪問による聞き取り調査（ご要望の詳細確認）
②該当物件のピックアップ
③現地見学の同行
④見学物件の比較評価
⑤入居（入所）物件の申し込み

⑥契約手続き立会い
⑦入居（入所）時立会い
⑧近況確認とご家族への報告
⑨トラブル時の対応
⑩倒産時等の転居先探し

認知症の保護入院

老親や配偶者の、認知症や躁鬱病等に伴う問題行動からご家族を救うため、精神科病棟への医療保護入院を全面的に支援するサービスです。

【具体的内容】
①訪問による聞き取り調査
②該当医療機関のピックアップ
③もの忘れ外来への受診同行
④主治医との折衝
⑤医療相談室（ＭＳＷ）との折衝
⑥入院予約の確定
⑦入院時立会い
⑧近況確認とご家族への報告
⑨30日経過面談への立会い（退院後のプランについて）
⑩60日経過面談への立会い（退院後の入所先紹介について）

延命治療回避（リビングウィル）

現場復帰が困難になった場合に、医療機関側に対して、胃ろう増設、各種点滴、人工呼吸器の取り付け等の延命措置を望まない旨を伝え、積極的治療を回避し、穏やかなエンディングの実現を支援するサービスです。

【具体的内容】
①訪問による聞き取り調査
②要望書の作成
③尊厳死協会への入会手続き代行
④入院時の立会い
⑤主治医による説明時の立会い
⑥医療機関との折衝
⑦入院後の近況確認とご家族への報告
⑧希望条件に合致する葬儀社の確保と各種折衝
⑨相続・遺言等に係る準備および弁護士等のご紹介
⑩トラブル時の対応

セカンドオピニオン

がん治療や重篤《じゅうとく》な手術を伴う疾患に対し、複数の医師から所見を聴いた上で治療法を選択することを支援するサービスです。

【具体的内容】
①訪問聞き取り調査
②セカンドオピニオン外来の段取り（医療機関・医師の抽出と予約手続き）
③セカンドオピニオン外来診察の立会い
④サードオピニオン外来の段取り（医療機関・医師の抽出と予約手続き）
⑤サードオピニオン外来診察の立会い
⑥治療方針の比較検討と決定支援
⑦治療医療機関との折衝、または、他医療機関の選定
⑧転医先医療機関の外来初診への立会い
⑨転医先医療機関との折衝
⑩経過確認とご家族への報告

在宅介護

お子さん世帯が遠方の方やご家族のない方におすすめの、ご自宅での介護サービス利用に係る総合支援サービスです。

【具体的内容】
①訪問聞き取り調査
②主治医受診時の立会いと折衝
③要介護認定申請手続きの同行、または代行
④自治体による聞き取り調査の立会い
⑤要介護度決定時の限度額認定申請手続きの同行、または代行
⑥介護事業者の選定と契約手続きの立会い
⑦介護事業者との折衝
⑧初回サービス利用時の立会い
⑨近況確認とご家族への報告
⑩トラブル時の対応

在宅医療

お子さん世帯が遠方の方やご家族のない方におすすめの、訪問診療および訪問看護サービス利用に係る総合支援サービスです。

【具体的内容】
①訪問聞き取り調査
②限度額認定申請手続きの同行、または代行
③医療機関のピックアップ
④初診外来受診時の同行
⑤医療機関との折衝
⑥契約手続きの立会い
⑦初回訪問診療時の立会い
⑧近況確認とご家族への報告

資産承継（生前贈与）

資産承継に係る意思決定と、それを生前に確実に反映・実行することをご希望の方のための総合支援サービスです。

【具体的内容】
①自己観照カウンセリング
②訪問聞き取り調査（相続人確定、資産棚卸、資産承継に係る基本方針の確認）
③財産調査（預貯金残高証明、不動産登記事項証明書、固定資産評価証明書　他）
④資産承継方法の決定（預貯金・不動産・その他）
⑤資産継承意向書の作成
⑥金融機関への同行　＊定期預金の解約、普通預金への移管
⑦所有者確定のための書類（登記簿謄本・登記済権利証・印鑑証明書）の取得
⑧受贈者確定のための書類（戸籍抄本・住民票等の取得）の取得
⑨不動産の名義変更に係る申請書類（固定資産評価証明書・贈与契約書・贈与による所有権移転登記申請書）の作成
⑩管轄法務局への申請

資産承継（自筆証書遺言）

自筆証書遺言作成に係る総合支援サービスです。

【具体的内容】

①自己観照カウンセリング
②訪問聞き取り調査（相続人確定、資産棚卸、資産承継に係る基本方針の確認）
③財産調査（預貯金残高証明、不動産登記事項証明書、固定資産評価証明書　他）
④資産承継方法の決定（預貯金・不動産・その他）
⑤自筆証書遺言の作成支援および遺言効力の確認
⑥遺言執行に係る依頼書の作成
⑦自筆証書遺言の保管代行
⑧遺言内容の変更確認（年次）
⑨遺言者死亡時の検認手続きへの立会い
⑩相続人への遺言内容の伝達
⑪遺言執行代理人の紹介

なお、実際の執行については、別途お見積りとなります。

資産承継（公正証書遺言）

公正証書遺言作成に係る総合支援サービスです。

【具体的内容】
①自己観照カウンセリング
②訪問聞き取り調査（相続人確定、資産棚卸、資産承継に係る基本方針の確認）
③財産調査（預貯金残高証明、不動産登記事項証明書、固定資産評価証明書　他）
④資産承継方法の決定（預貯金・不動産・その他）
⑤公正証書遺言に係る必要書類の取得（・遺言者の印鑑登録証明書　・遺言者の実印　・遺言者と相続人との続柄が分かる戸籍謄本　・財産を相続人以外の人に遺贈する場合には、その人の住民票　・財産のなかに不動産がある場合は、その登記事項証明書と固定資産評価証明書又は固定資産税・都市計画税納税通知書中の課税明細書　・その他）
⑥証人2名の確保
⑦公証人役場との出頭日時の調整
⑧公証人役場での遺言作成への立会い
なお、遺言執行代理人の紹介、および実際の執行については、別途お見積りとなります。

解散してもSMAPは永遠に

さて、ここ数年、お客様から喜ばれているパッケージサービスは、「資産承継パッケージ（さいごまで丸ごと安心パック、通称SMAP）」というものです。生前贈与や遺言相続のデメリットを回避し、かつ、親の目が黒いうちから子に財産を託すことができる「ファミリートラスト（家族信託）」という手法がウケていて、これはSWCの切り札になると思っています。

と言うのも、弁護士等の法律のプロに依頼する場合と比べ、ビフォー&アフターのフォローが非常に充実しています。利用料金も弁護士に依頼するより低額料金設定（財産総額の3％　ただし、不動産の転売を伴う場合には5％　＊弁護士の相場は、ビフォー&アフターのフォローなし（家族信託契約に係る作業のみ）で10％）になっているので、競合優位性はバッチリです。もちろん、SMAPの場合でも、パートナーの顧問弁護士がいて、リーガルチェックはしっかりやっていますのでご安心ください。

【さいごまで丸ごと安心パック】

人生観照	財産調査	分割覚書
口座開設	SMAP	家族会議
信託登記	家族信託	覚書署名

最強の資産承継術SMAP（さいごまで丸ごと安心パック）

家族信託によるテーラーメイド型の資産承継サービスです。

【具体的内容】

①自己観照カウンセリング

②訪問聞き取り調査（相続人確定、資産棚卸、資産承継に係る基本方針の確認）

③財産調査（預貯金残高証明、不動産登記事項証明書、固定資産評価証明書　他）

④資産承継方法の決定（預貯金・不動産・その他）

⑤家族信託契約書の作成

⑥公正証書化に係る必要書類の取得

・委託者／受託者／受益者の印鑑登録証明書、戸籍謄本、登記事項証明書と固定資産評価証明書又は固定資産税・都市計画税納税通知書中の課税明細書　・その他

⑦代理人2名の確保

⑧公証人役場との出頭日時の調整

⑨公証人役場での公正証書化手続き

⑩所有権移転手続き
⑪不動産の転売
⑫信託口口座の開設

国民的アイドルユニットＳＭＡＰは惜しまれながら解散しましたが、シニアの強い味方ＳＭＡＰを『ＮＰＯ二十四の瞳』が提供しております（笑）、はい。

以上、ＳＷＣを目指すみなさんのために、シニアのよくある相談についてパッケージの概要を書いてきました。実際には、もっともっと詳細にお話ししたいことがあります。なので、２０１８年1月頃より、相談を受けた際の受け答えロールプレイまでを50時間で習得してもらえるような講座の開設を予定しています。

クールな老後を応援する

シニア援助においてもっとも重要なこと。それは「援助の内容」ではなく、「援助の目的」です。言い換えると、問題を解決すること自体よりも、問題解決の方向性のほうがずっと大切なのです。もったいつけずに言うと、「シニアが自分の人生において、少しでも長く主人公であり続けられるように援助していく」ということです。

いまや１００歳以上の人が10万人を超えようかという時代です。きんさんぎんさんが重宝がられたのは遠い昔の話です。ですが、寿命が延びれば延びるほど、年齢を重ねれば重ねるほど、私たちは知らず知らずのうちに自分の人生の主人公ではなく、脇役に回されてしまいがちです。

例えば、医療への依存が高まれば、もう医者の言うなりの人生です。医者が主役に躍り出て、本人は意思決定することが困難になります。要介護状態になって車椅子や寝たきりになってしまうと、ケアマネジャーや家族が主導権を握るようになり、本人の意向だけでは物事を決められなくなってしまいます。認知症になれば、家庭裁判所が選定する成年後見人に金銭管理を一任せざるを得なくなります。実の子がいても、です。そしてさいごは、葬儀屋が主役となってエンディングセレモニーを仕切るのです。

SWCのミッションであるシニア援助の基本は、可能な限り、本人の自律を支援することです。自律とは、本人が自ら目標を設定し、それに向かって進んでいくということです。他ならぬ自身の人生を、自分の意思と判断で全うするということです。国任せ、子ども任せ、医者任せ……。安直に、他人任せにしないで済むようにガイドして差し上げることです。

目指すは、国にも子にも医者にも頼りすぎない「クールな老後」（カッコいい老後）です。

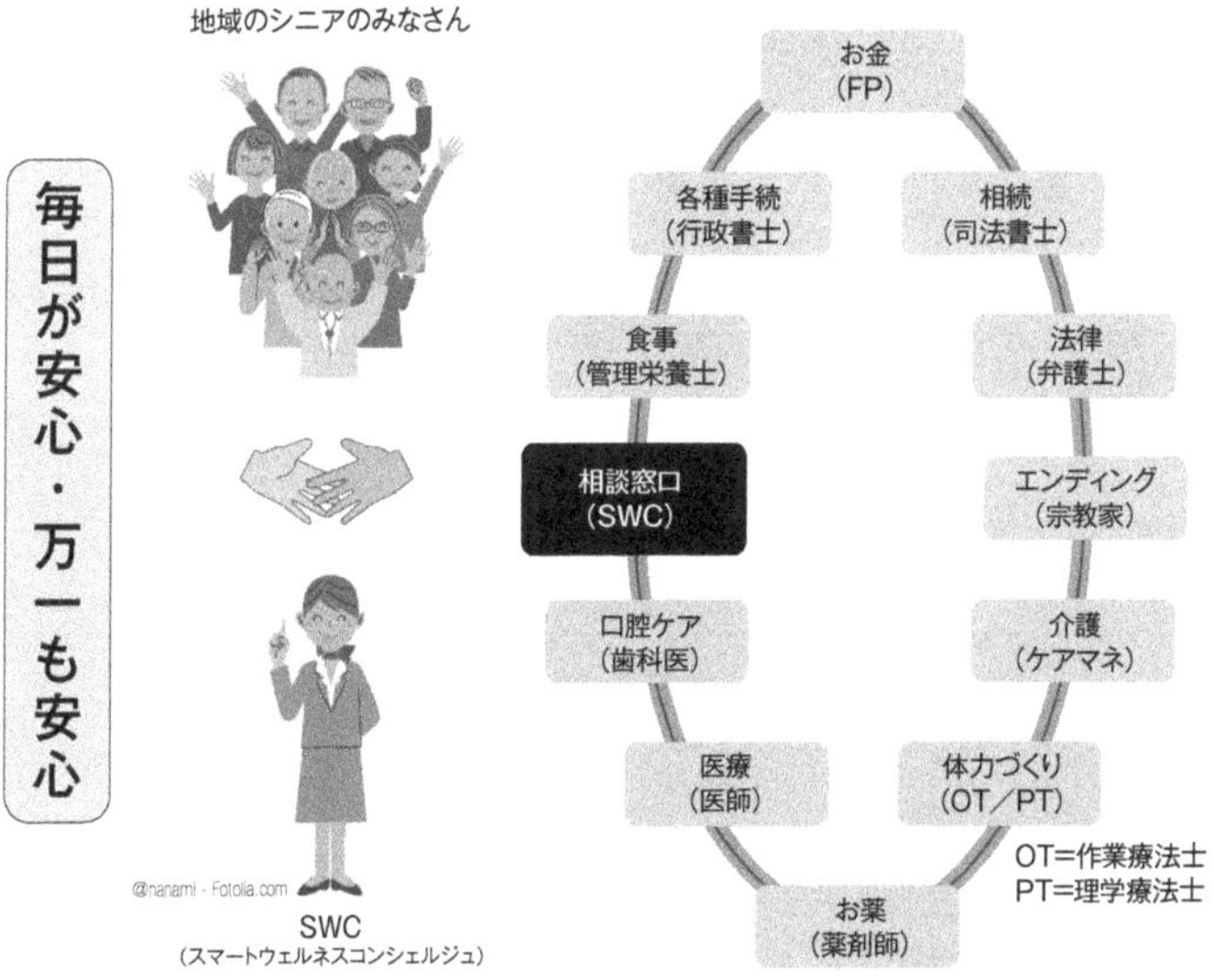

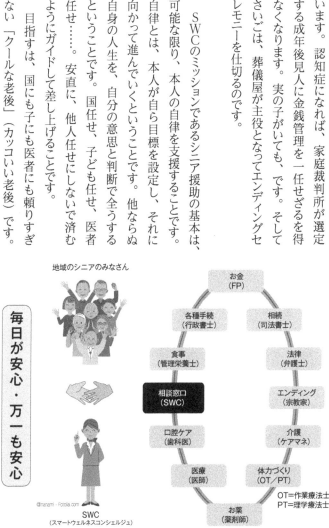

この自律した生き方こそが、ワンランク上の老後に他ならないと思っています。

そのためには、医療・介護・おカネ・葬儀といった老後の代表的な課題について、知らなきゃ損する情報を、知らなきゃこわい真実を、転ばぬ先の折れない杖を提供してあげる存在が必要となります。それがＳＷＣなのです。ワンランク上のステージに上がったみなさんが、シニアのワンランク上の老後をサポートされる……。これがＳＷＣとクライアントとの基本的な関係です。

講演サンプル

―「老後の十戒」―

ＳＷＣに求められる専門性について、最後に、「シニアに対してこの程度の話ができればグッド！」というサンプルをお示しします。

『ＮＰＯ二十四の瞳』では、年間に50本程度、講演会や研修会を開催しています。これまでにさまざまなテーマでお話をしてきましたが、ここ数年でいちばん人気が高いのが「老後の十戒」です。内容は、子どもに迷惑をかけず、世間からも「あんな年寄りにだけはなりたくない」と後ろ指を指されず、年金だけで百歳まで人生をエンジョイするための方法です。これをシニアのみなさんが退屈しないように、面白くわかりやすく伝えるわけです。

古今東西、老若男女を問わず、すべての人が避けて通れないテーマですから、ＳＷＣのみなさんが短時間で「専門性あり気」に見せるには手っ取り早いコンテンツです。なので、スキルセット編の専門性を磨く材料として消化してもらえるといいと思います。

みなさん自身がシニアに語りかけているイメージをしながら読んでみてくださいね。近い未来、本当に話すことになるはずですからね。

その１　ワンランク上の紳士淑女は、百歳まで死ぬべからず

まぁ、今の世の中、生きてること自体が健康にいちばん悪いような気がしますが、それを言っちゃぁおしまいでしょうから、まずはじめにこれを持ってきました。クールに百歳まで人生を謳歌するために

は、「死なない」ことが大前提となりますよね。

では、死なないためにはどうすればいいのか。

答えは、死亡確率を抑えるべく、日本人の死因トップテンを回避するような生活を心がけることです。厚労省のデータによれば、平成27年度の死因トップテンは次のようになっています。

1位　がん（30％）　2位　心筋梗塞（15％）
3位　肺炎（10％）　4位　脳梗塞（10％）
5位　老衰（7％）　6位　不慮の事故（3％）
7位　腎不全（2％）8位　自殺（2％）
9位　肝疾患（2％）10位　動脈瘤（1％）
次点　慢性閉塞性肺疾患（1％）
　　慢性気管支炎、肺気腫等

注目すべきは、上位4項目で65％。「腎不

【日本人の死因トップ10（平成27年度）】

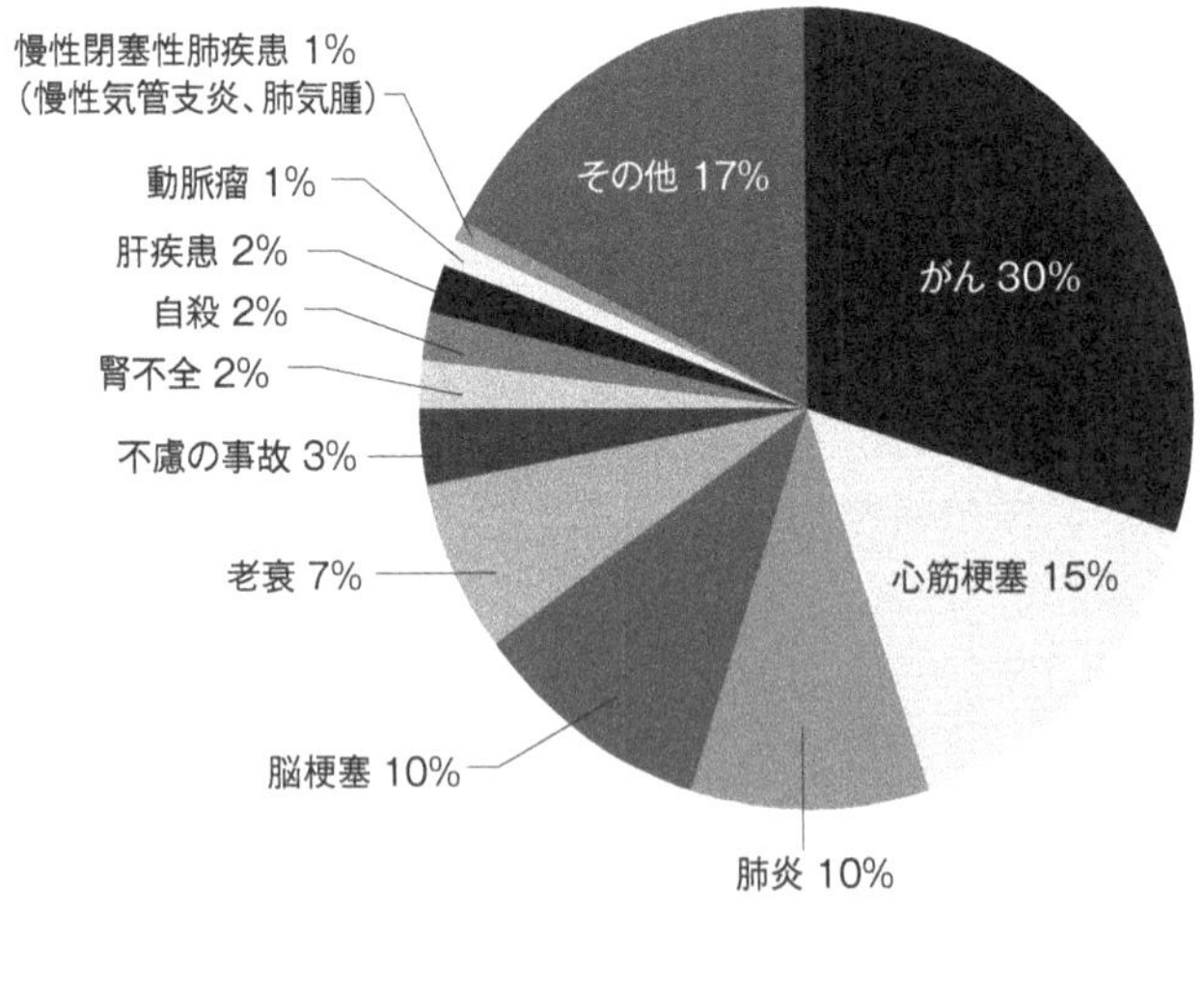

全」・「動脈瘤」・「COPD」まで含めると、年間死亡者数130万人中の7割を占めているという事実です。そして、これらの病気は、いずれもが生活習慣病であるということです。

で、きわめて大雑把な言い方をすれば、生活習慣病を引き起こす要因は、習慣が6割、環境（加齢含む）が3割、遺伝が1割です。となると、生活習慣病のリスクを減らすには、生活習慣病の5つの決定因子『喫煙・食事・飲酒・運動・ストレス』を意識した生活を心がけることが大切なわけです。まぁ、「わかっちゃいるけど変えられない」という方がほとんどでしょうが、100歳まで人生をエンジョイしようと思うのであれば、やはり、できるかぎり健康的な暮らしを意識的に実践することが不可欠です。

【喫煙】

まず、なんといってもタバコ。喫煙は、血管を収縮させ、高血圧等の原因になります。また、がんを誘発することでも有名です。長いこと、男性の死因トップは肺がんです。

タバコが最悪なのは、吸わない人にまで迷惑がかかることです。受動喫煙ってやつですね。他人の吐いた煙でがんになってしまうこともあるのですから迷惑な話です。なので、これはもう、キッパリとやめる。無条件でやめる。愛煙家とは極力かかわらない。いまや世界中でタバコの弊害を知らない人はいません。だったらタバコなんて法律で廃止にしてしまえばいいじゃないか……となるわけですが、それはあり得ません。日本たばこ産業の管轄は財務省です。官僚にとって不可欠の天下り先なのです。利権の巣です。ということで、いくら世界保健機構や厚生労働省が喫煙による健康被害を訴えても、日本全国からタバコの自動販売機がなくなることはありません。駅、スーパー、コンビニ、百貨店、役所の庁舎、病院の売店ですらタバコは簡単に購入できるのです。ひとりひとりが強い意志を持ってやめるしか手はありません。

【食事】

食事は、腹五分を意識すること。とにかく、胃を疲弊させないことが重要です。その上で、極力、いろいろなものを食べるようにする。私が実践しているのが、「マゴハヤサシイヨ」です。豆類、ごま、わかめ、野菜、魚（青魚）、しいたけ、芋類、ヨーグルト。これらを意識的に摂るようにしましょう。ステーキや揚げ物などカロリーの高いものを食べる際には、食べる順序として、野菜を先に食べるようにします。そうすることで、糖が体に取り込まれるスピードを緩やかにすることができ、身体への負担を和らげます。他にも、新鮮な野菜には、がんの原因となる傷つけられた細胞を修復する役割もあります。

【飲酒】

お酒には、血液の流れを良くする効果があり、心身をリラックスさせて深い睡眠に誘う効用もあります。でも、度を過ぎれば脂質異常症や肝機能の異常を招きます。要は、飲みすぎるな、ということです。適量というのは、概ねこんな感じです。ビールなら500㎖、日本酒なら1合、焼酎なら0.6合、ワインなら240㎖。そんなに厳密に量ることもないですが、自分にとっての適量を自覚して楽しむということですね。あと、週に一日は休肝日を作ることを忘れずに。

【運動】

運動は、無理のない範囲で、習慣化したいところです。生活のなかで姿勢を正す、階段を利用する等でも効果があります。適度な運動は肥満を予防し、ストレスの発散にもなります。ウォーキング、水泳、エアロビクス、ストレッチ等の有酸素運動がいいでしょう。

逆に、激しい運動や瞬間的に筋肉を緊張させるような運動は控えるべきですよね。

【ストレス】

ストレスはタバコとならぶ、がん誘発の横綱です。過剰なストレスは血圧や血糖値の上昇、免疫力の低下などの元凶です。ストレス緩和のためには、休養を十分にとることです。深い睡眠を取ることです。睡眠不足は疲労の蓄積を招きます。あれやこれやと頑張りすぎないことです。完璧主義に陥らないことです。物事のマイナス面を見るのではなく、プラス面にフォーカスすることです。あと、生活環境。家族に生活習慣病の人がいる場合、注意をする必要があります。家族は生活習慣が似てくるため、同じような病気になりやすいと考えられるからです。

その2　ワンランク上の紳士淑女は、医者に依らしむべからず

簡単に言ってしまえば、「クスリを飲まない、検診を受けない、手術を受けない」。これに尽きます。医者との適切な距離感がとても大切です。基本的に、医者は、高血圧・糖尿病・高脂血症といった生活習慣病を治せません。もちろん、生活習慣病の王様「がん」もです。

現代の医学というのは対症療法と言われ、目の前に起きている症状を抑えるために薬を処方したり、切除・摘出したり……。要は、その場しのぎでしかありません。生活習慣病というくらいですから、その症状をもたらした原因である本人の生活を改めないかぎり、根治できるはずがないのです。

このことをしっかりと理解していれば、医者に言われるがままにむやみやたらに医者通いをして、

嬉々として何種類ものクスリをもらって、時に検診を受けたり、手術台に横たわったりする愚を犯さないはずなのですが……。

血圧が高かろうが、血糖値が高かろうが、コレステロールが高かろうが、そんなものは病気とは言いません。単なる老化現象です。完治することはありません。というか、人間を長くやっていれば血管の内壁に汚れがこびりついて、血液が流れにくくなるのは当然のことです。でもそうなると、脳に新鮮な酸素やブドウ糖や快楽ホルモンが行き届かなくなってボケたり、うつになったりしてしまうかもしれません。

それを防ぐために、わざわざ血圧や血糖値やコレステロールを引き上げているんです。加齢に対する適応現象なわけです。なのに、それをクスリの力で下げようとするというのは、神聖で精巧なるカラダのメカニズムに逆らうことになります。無駄かつ有害。それ以外の何物でもありません。食事や運動など、生活を見直すことで調整するべきです。これ以上、医者の言いなりになって、良い患者になるのは即刻やめるべきです。

あと、早期発見・早期治療なんて言葉に騙されて、あれやこれやと検査を受けるべからず、です。ほとんどの健診や検診は無駄です。有効性もありません。痛みを自覚してからで十分です。自覚症状のない人が医者に行ったり、人間ドックにかかったりすると、多くの場合、かなり悪くなって帰ってきます。緊張でストレスを覚えた上、放射能まで浴びせられ、診断結果に一喜一憂してさらにストレスが増して、大抵の人が体調を崩してしまうのです。

仮に、70歳を過ぎてがんが見つかったからといって、手術なんかしたら勿体ない。抗がん剤で寿命を縮めるだけです。術後の生活が大変です。

クスリも検査も手術も不要。その証拠に、医者とその家族は、クスリ、飲みません。検査、受けません。手術、しません。これが真実です。医者との距離感を適切に保つ。健康で長生きするにはこれに限ります。何十年も付き合ってきた自分の身体。自分のことは自分がいちばんわかっているはずです。朝晩に一分でいい。心身が発するシグナルに耳を傾けてみてください。そして何か変だなぁと感じたなら2、3日は節制してみましょう。昨日今日偶然出くわした医者に盲従することの愚かさに、そろそろ気づくべきではないでしょうか。

その3　ワンランク上の紳士淑女は、危うきに近寄るべからず

毎年4万人ほどの人が、不慮の死を遂げています。百歳まで人生を謳歌しようと思えば、不慮の

事故を避けることはとても大切です。

横断歩道で信号待ちをする時には、車道から3メートル以上離れて待ちましょう。また、青に変わったからといってすぐに渡りはじめないこと。赤でも突っ込んでくるクルマがないとは言い切れませんからね。青になって、心のなかで3つ数えてから渡るくらいの注意があってもいいと思います。

人混みは避けましょう。特に、朝夕のラッシュアワー。特に乗り換え時、みんなが我れ先に行こうとする駅の階段は極めて危険です。後ろから押されて転げ落ちたら、ハイそれまでです。

なお、転倒による骨折がいちばん多いのは、意外にも自宅の室内です。絨毯やカーペットの端、電源コード等に躓かぬよう注意が必要です。当然、ジョギングはやめる。ウォーキングに代えましょう。

お風呂に入る時は、いきなり湯船に飛び込まない。お湯の温度を確認してからです。シャワーのコックをひねる時も同じです。冬場は、急激な温度変化による心臓麻痺を避けるため、脱衣場にはヒーターを置くなどの工夫をしてください。

あとは夏場の熱中症ですね。猛暑の年は、1500人から2000人もの人が熱中症で死亡しています。シニアが熱中症にかかりやすい最大の理由は、体温調節機能の衰え。体温調節機能とはズバリ「適切に汗をかく力」のことです。汗を出す汗腺の数自体は歳をとっても若い頃と変わりませんが、1本の汗腺から出る汗の量が加齢とともに減少してしまうのです。つまり、高温になってもなかなか汗をかかず、かいたとしても量が少ない。そのため、気温が体温より高くなるような環境では体温調節が困難になり、熱中症にかかりやすいわけです。

熱中症の積極的な対策としては、「インターバル速歩」で体温調節の要である汗腺を鍛えるのがいい。これは、ややきついと感じるぐらいの「早歩き」と「ゆっくり歩き」を3分間ずつ交互に繰り返すウォーキング法です。コストをかけずに、肥満解消、筋力アップ、高血糖や高血圧の改善にも効果が得られることがわかっています。

あと、非常に細かい話ですが、シニアレディーは外出時には、マスクとおしぼりウエッティを用意することです。お手洗いを使用する際には必ず便座を拭くようにします。これで感染症を防げます。

その4　ワンランク上の紳士淑女は、安易に人を信じるべからず

人を見たら泥棒と思え、です。金融機関で大金をおろす時は、なるべくひとりでは行かず、お子さんや配偶者、信頼のおける友人に付き添ってもらうことをお勧めします。

そして、振り込め詐欺対策。誰がいくら注意しようとも、振り込め詐欺の被害は増える一方です。平成27年中の振り込め詐欺の認知件数は前年に比べて約13％増加。被害額も約４％増加して約４００億円です。国も自治体も盛んに注意を促しているにもかかわらずこのありさまですから、ここはもう発想を変える必要があると思います。ダマすほうも悪いけれど、ダマされるほうも悪いのです。

いくら自分を戒めて、いくら必死で勉強して用心していても、いざ自分に電話がかかってきたら結局はダマされてしまうのですからね。詐欺集団のスキルは日に日に高度になってきています。毎日何時間もかけて、心理学やコミュニケーションを学び、ロールプレイを繰り返しながらスキルアップを図っているそうです。にわか対策の高齢者が敵うはずありません。ここはもう、知り合い以外からの電話は出ない。玄関のチャイムは取り外す。街なかで声をかけられても応じない。これしかありません。

その5　ワンランク上の紳士淑女は、子に介護させるべからず

断言します。家族に介護はさせないことです。実際問題として、自分でトイレができなくなったら自宅での療養は諦めるべきです。排泄介助を素人がやるのは無理です。そんなことを続けていたら、介護する家族のほうが倒れてしまいます。食事や入浴の介助と違って、トイレだけは計画的にいかないからです。介護する側は夜も眠れなくなり、当初は情にほだされて献身的に介護していたとしても、いつしか要介護状態にある家族を憎むようになっていくのです。自分を産み、育ててくれた親を「殺めたい」と思うようになってしまうのです。親にも子にも不幸で哀しいことです。いわゆる老老地獄のもとです。絶対にやめるべきです。

多くの人たちが、人生のどこかで、「親の介護は自宅か施設か」を議論する局面を迎えます。その判断基準は、以下のように考えるといいと思います。

- 排泄介助が必要なら、迷わず施設。
- 問題行動を伴う認知症なら、迷わず施設。
- 認知症で意思疎通が図れなくなったら、迷わず施設。

その6　ワンランク上の紳士淑女は、施設に期待するべからず

基本的に、施設のパンフレットやホームページは「看板に偽りあり」です。現地見学の時に説明してくれる内容も信じないことです。施設は当然、自分の家より居心地がわるいものと割りきっておきましょう。どこも慢性的な人手不足ですから、時に人格に疑問のある人でも採用せざるを得ません。つまり、完璧を求めてもむなしいだけ。及第点でいいと割りきる覚悟が必要です。

施設の生活相談員はとにかく入居者を確保したい。それがすべてです。彼らの仕事は、ひとりでも多くの入居者を確保すること。要はセールスです。ですから、見学者から訊かれない限り、彼らの方から不利益になるようなことは言いません。決して悪意をもってダマそうとしているわけではないでしょう。しかし、セールス職の性として、本能的に体裁を整えるような話しぶりになることが多いのです。従って、彼らが話す内容はパンフレットレベルの総花的な話だったり、差し障りのない表層的かつ抽象的な話だったりすることが多いわけです。

「こんなはずじゃなかった」・「事前に聞いたのとちがうじゃないか。そんな話は聞いてない」。こうした後の祭りの原因は、入居相談会や現地見学会での「おひとりおひとりのライフスタイルに合わせてき

めこまやかな」なぁんて表層的な美辞麗句を鵜呑みにしてしまった結果であることがほとんどです。

施設の種類別に傾向を言っておきましょう。大人気の特養は確かに安いけれど、その経営体質ゆえに不祥事が多いです。介護付き有料老人ホームは金銭トラブルがいっこうになくなりません。サービス付きシニア向け住宅は、はっきり言って、サービスなど何も付いていません。サービス付きならぬ「サービス抜き」。これが本当のところです。

見学会では、施設側の話を聴いて頷いているだけじゃダメです。見学するに前に、頭のなかで、朝起きてから夜寝るまでの、標準的な1日の過ごし方をカラー動画で描いてみてください。見学物件に入居したら、それがどう変わるのか、変わらないのか。職員のサポートを得ることで日々の暮らしがより円滑になるのか、対応してもらえないことで逆に不便になるのか。こういうシミュレーションをしながら見学しないと時間のムダです。

具体的には、3つのチェックポイント「日常生活」・「緊急時」・「老い支度」に分けて、そこで暮らすために絶対に譲れない要望事項を洗い出します。具体的であれば具体的なほどいい。例えば、日常生活のことであれば、食事、入浴、介護、健康管理、娯楽、外出、来客、美容理容、喫煙、ペットの持ち込みといったところでしょうか。特に食事については、決められた時間に決められた場所で食べなければならないというルールに抵抗を示す人が多いようです。その時の気分で部屋食（居室に配膳してもらって食べる）や出前、さらには外食の要望は可能なのかどうか。対応してくれる施設は意外と少ないものです。

これらについて、現地見学した時に言質を取るのです。そのやりとりを録音しておくぐらいの意識が必要です。

緊急時の医療サポートに係るトラブルは、全国的に非常に多いです。同じようなトラブルやクレームが後を絶ちません。ズバリ、介護施設の「医療サポート」を巡るトラブルの原因は、医療機関との「連携」とか「提携」という言葉の定義にあります。パンフレットや事前説明の場では、「医療機関と連携しているから安心」という話が飛び交います。でも、その実態は……。

大手介護事業者でさえ、救急車を呼んでくれるだけで「ハイ、おしまい」ということも多いです。対応策としては、入居決定前に、施設側の言う「連携」の定義をしっかりと確認することです。施設側の誰が、どこまで対応してくれるのか。連携病院は、いつ、誰が、どこまでのことをやってくれるのか。消費者保護が進んできたとはいえ、まだまだ私たちの方で、未然にトラブルを防ぐという意識を持つ必要があるというのが実際のところです。

その7　ワンランク上の紳士淑女は、人に迷惑かけるべからず

人間というのは、生まれたばかりの赤ちゃんの時がいちばん可愛くて、歳をとるほどに嫌われていくものです。これは紛れもない事実です。天真爛漫で純真無垢だった赤ちゃんが、おとなに育つ過程で人間界の穢れた環境に次第に毒されていきます。歪んでいきます。家族や親戚や友人や同僚。ケンカ、いじめ、裏切り。無神経、無遠慮、無責任。見栄に打算に嫉妬に憎悪。メディアから垂れ流される低俗で残忍で欺瞞に満ちた番組の数々。そんなネガティブの嵐に晒されて、誰からも愛された赤ちゃんが、ひねくれていじけて身勝手で気難しいおとなへと変貌するのです。

鏡のなかの自分を見てください。どうですか？　そこに、気むずかしそうな老人がいませんか？　若い人たちが「あんな年寄りにだけはなりたくないよねぇ〜」なんて言いそうな、かわいくない老人がいませんか？

加えて、人は歳を取るに連れて、どうしても動きが鈍くなってきます。これはもう仕方がない。で

も、それを自覚して、さりげなく、周囲に迷惑がかからないように振る舞うシニアがいたとしたらどうでしょうか。とてもかっこいいとは思いませんか？

年齢とは関係なく、公的な場所では、周囲の妨げにならないように意識できることはとても素敵なことです。これもエチケットですよね。みなさんはどうですか？　今、あなたの後ろあたりで、あなたの存在ゆえに立往生している誰かがいたりしませんか？

まず、他者に迷惑をかけないための基本中の基本中の基本。それは、まず、何と言っても、クルマを運転しないことです。高齢ドライバーや認知症ドライバーによる事故が頻発しています。なぜか、小学校の子どもを巻き込むことが多いのが不思議です。

事故の原因となった認知症高齢者の家族が損害賠償を求められたケースでは、加害者本人や家族が勝訴すると、世間的には、温情判決に胸をなでおろすような風潮があります。

しかし、忘れてはならないのは、ここまで認知症が蔓延してくると、加害者が被害者になることもあり得る……ということです。

そりゃあ、運悪く加害者になってしまった側は、認知症を理由に賠償責任を問われなければうれしいでしょう。しかし、その人が被害者となった時に、「相手が認知症なのであればやむを得ない」と理性的に割り切れるものなのかどうか。私はむずかしいと思います。

こう考えると、考えるべきはリスクをできる限り減らすことです。認知症の兆しがあれば当然、そうでなくても、高齢になったら運転は控えるべきでしょう。年齢とともに、どうしても咄嗟の判断力が落ちてきます。私などは50歳を迎えると同時にクルマを手放しました。運転していて、集中力が緩慢になってくるのがわかったからです。

本音を言えば、65歳になったら自動的に免許証が失効となるような法整備をするのがよいと思っています。でも、こういうことを言うと、必ず反対意見が出てきて時間を食うものです。その間にも認知症高齢者は増え、認知症高齢者ドライバーが引き起こす事故が増え、被害者が増えていくのです。

自己責任で今すぐできることは、やはり、「もう運転はやめよう」とクルマのキーをそっと置くことではないでしょうか。年齢とともに判断力と集中力が落ちてくることは否めません。他者を捲き込まないという意味でも、自らハンドルを握ることはやめましょう。また、シニアのクルマに乗せてもらうのも避けたほうがいいでしょう。

それから、電車に飛び込むシニアが増えています。お願いですから、死んでまで迷惑をかけないでください。ここ数年は少しずつ減少傾向にありますが、日本では毎年、約3万人の人が自殺しています。自殺は望ましくないことですが、人それぞれさまざまな事情もあるのでしょう。でも、やむを得ず自殺を選択する場合には、どうか他者に迷惑をかける方法だけは避けてください。なかでも電車に飛び込むのは最悪です。数万人規模で迷惑がかかります。挙句は、遺族が電鉄会社からペナルティを請求されることもあります。

本気で自殺を考えるのであれば、誰にも言わず、ひっそりと誰にも迷惑が及ばないやり方を探してください。本気で死ぬ気になれば、それくらい考えることはできるはずです。

あと、子どもに生命保険の死亡保険金を贈りたい場合、契約3年に満たない場合は徒労に終わります。要するに無駄死にです。生命保険に入っている方は、死亡保険金が支払われないケースについて早速確認してみてください。

続いて、加齢臭対策はエチケットの基本です。人は加齢とともに臓器が疲弊することでニオイを放つようになります。とても言いにくいことではありますが、自分がクサい存在であることを自覚しましょう。こんなことは身内も言ってくれません。自覚のなかった人には感謝してもらいたいくらいです。

この問題は、クサい者同士で居たら気づかないから厄介なのです。若い人たちがいちばん気にしているのが、老人特有のニオイなのです。特に男性の加齢臭は、タバコの煙と並ぶ凶器。もはや社会悪です。

香水、芳香剤、口臭除去剤……。これらを常用し、外出時も手放さないこと。これは人間関係における最低限のエチケットです。ドラッグストアに行けばいくらでも加齢臭対策商品が並んでいます。たかだか数百円のことで、孫たちに毛嫌いされないようにご用心！

その8　ワンランク上の紳士淑女は、カネに執着するべからず

年老いた親子間の、悲惨で憂うつな事件が増える一方です。いろいろなケースを調べてみると、「老親側が子どもに継承するものを明かすことをせずに、介護をはじめとする老後のサポートだけを求め続けた時」、哀しく痛ましい顛末が待っているようです。早い話が、「おカネの話は抜きで、面倒だけ見ろっていうのか！」という、子ども側のネガティブな感情が爆発した時、老老地獄が現実のものとなるわけです。

地球上で、子どもに老後の面倒をかけるというのは人間だけです。失われた20年以降、今の時代は子ども世帯だって自分たちのことで手一杯のはず。だから、死に際くらいは子どもに面倒をかけずに、自ら幕引きをしたいものです。

おカネを最後の最期まで抱え込んでおこうとする人がいます。また、「産んで育ててやったんだから、子どもたちが親の面倒を見るのは当たり前」と言い放つ人もいます。でも、そもそも、子どもを勝手に産んだのは親のほうです。むしろ親のほうこそ、子どもを育てる義務がある。それが道理ではないでしょうか。挙句、おカネの話を抜きにして介護まで頼もうというのは、子ども側がちょっと気の毒に思えてなりません。

親側はいつまでもおカネに執着せず、分け与えることになる資産について明らかにした上で、エンディングに向けた支援を真摯に依頼すべきです。そうすれば肩の荷も下りるし、子どもたちとの心理的距離も縮まるはずです。子どもにしても、自分を産み育ててくれた親を支える覚悟も決まるというものだと思うのです。

私のオヤジギャグに「おカネはおっかねぇー」というのがあります。これは本当のことです。大人になると、兄弟姉妹だって、子どものころのように仲が良いわけではありません。親が亡くなるまでは、とても仲睦まじく見えた場合でも、おカネが絡むと一筋縄ではいかないようです。お互いの配偶者がさらに関係を複雑にします。親が遺したわずか数十万円の預金を巡って、テレビドラマのような壮絶な罵り合いを展開する兄弟姉妹をいやというほど見てきました。

お子さんたちを愛しているのであれば、悪いことは言いません。元気なうちからエンディングを計画すべきです。誰に何を引き継ぐのか。早いうちから身辺整理し、澄みきった心で最期に臨みたいものです。これは親の責任ではないでしょうか。

まずは手始めに、通帳、印鑑、生命保険や不動産関係の書類の在り処を子どもたちに教えておきましょう。銀行のカードの暗証番号。これももう観念して、引き継ぐ子どもに教えておくべきでしょう。死んだりボケたりしてからでは遅いのです。アナタが言い残しそびれてしまったら最後、子どもはそれを引き出すことができなくなっちゃうのですから。親が死んだ後で子どもたちが手続きするのに、多大な時間と労力がかかるのです。

最悪、おカネがなくても心配ありません。「年金も受給してないし、預金もない。援助してくれる身寄りもない……」。こんな相談が、毎年数件、寄せられます。そんな時は、ぶっきらぼうにこう告げます。

「なんの心配も要りません。大丈夫です。これから2つのことをお話しします。それさえ知っておけば、何も問題はありません」。

ひとつの方法は、福祉国家ニッポンの王道、生活保護の受給です。年金も貯蓄も助けてくれる身寄りもいない……。そんなケースはザラにあり得ます。こんな時こその生活保護なわけです。これで生きていくための衣食住は確実に確保されます。

にもかかわらず、「いや、できたら国や福祉の世話にだけはなりたくない」とおっしゃる方がいます。ですが、ここは冷静に考えてもらわないといけません。だって、ホームレスやって、道行く人に「めぐんでください」とやるほうがもっとみじめだと思うんですよね。つまらない体面は捨ててください。ある意味、現役時代に納税してきた立場であれば、国民の当然の権利なのですから。

生活保護さえ受けてしまえば、医療と介護は一切おカネがかかりません。住む場所がなければ養護老人ホーム・経費老人ホーム等の安価な施設を確保してもらえます。介護が必要になれば、特養（特別養護老人ホーム）やケアハウスに優先的に入れます。

割りきってしまえば、何ということはありません。酷な言い方かもしれませんが、現役世代と違って失うものはかなり減ってきているはずです。つまらない見栄のために電車に飛び込まれたりしたら、かえって大勢の人に迷惑をかけることになりますからやめてくださいね。

それでもどうしても、どうしても「生活保護」に対して抵抗があって、躊躇しているうちに体調を崩し、どうにもこうにも身動きが取れなくなってしまった……ということも実際にはあり得ます。そんな場合には、這ってでも病院の玄関まで辿りついてください。最低限の医療処置をした上で、自治体や警察と連絡を取り合いながら何とかしてくれます。身寄りが見つからなければ、このタイミングで生活保護を受給することになります。死に場所も手に入ります。ここまでくれば、本人のメンツも何もないでしょう。つまり、何とかなるのです。

その9　ワンランク上の紳士淑女は、自然の摂理に逆らうべからず

寿命が尽きるまで、人は死にません。交通事故に遭っても、重病に罹っても、寿命が尽きるまで、人は死にません。これは年齢に関係ありません。生きている人はみな、明日の命の保証はありません。神のみぞ知る、です。そう考えると、心拍停止状態になってしまった人を人工呼吸器に縛りつけてまで生き永らえさせることは、どうにも釈然としません。

授かった寿命に従うのが、人間本来の生き方のように思います。

そこで、リビングウィルです。クールな老後の極めつけが「ターミナルケア（終末期医療）」をどうするかという問題です。自然の摂理や人間の尊厳を無視した延命治療については、元気なうちから方針を固めておかないととんでもないことになります。昔で言うスパゲッティ、今ならパスタ。身体中を管でつながれ、無理やり生かされるアレのことです。

もともと医者というのは、ハナから延命治療に疑問を持っていません。むしろごく当然のことと思っているようです。今でも、放っておいたらいつの間にか、点滴、酸素吸入器、人工呼吸器、尿管、心臓の状態を管理する管を挿入されてしまう場合があります。患者の家族が、「何とか生き永らえさせてください」などと言おうものならば、「待ってました」ってなことになる。病院としては莫大な売上を計上することができるから大歓迎です。

でも、当の患者本人の苦痛たるや、想像を絶するものがあります。数時間おきに採血されて腫れ上がった左右の腕を見たら、家族だって後悔するのは時間の問題だと思います。おまけに、延命治療を選択した場合、最期の瞬間に患者とのお別れの時間は取れません。機械のゴーゴー言う音で話し声など全く聞こえないからです。

こういうことを踏まえて、自分が現場復帰できない状態だとわかった時にどうするか。今から延命治療へのスタンスを決めて家族に伝えておくことです。この、家族に伝えておくという点がとても重要です。だって、いざその時になったら、アナタは意思表示できないのですから。

ところで、延命治療の入口に位置するのが「胃ろう（経管栄養）」です。胃に穴を開けて管を通し、そこから強制的に栄養液を入れるものです。誤嚥性肺炎を防ぐのが目的ですが、実際には看護者や介護者の管理負担を軽くする目的で、ちょっとしたことで、すぐ胃ろうを造設されてしまう場合が多い。これ、現実です。こんなことしているのは世界中で日本だけです。現時点でざっと50万人。この人たちのケアにかかる医療&介護費は、ひとり当たり年間600万円にもなります。合計3兆円ですよ、3兆円。

よくあるのは、脚を骨折して入院しただけで、「ご家族の介護も大変ですから、この際、胃ろうにしちゃいますか」的なノリで持ちかけられたりする。これで、患者は食物を自分の口で味わうことができなくなってしまうわけです。

肝心なのは、患者本人の意思を反映することです。将来的に経口摂取が望めないとわかった時にどうするのか。人生最大の楽しみでもある「食べること」を失ってまで生きたいかどうか。私であれば、例え死期が早まったとしても、こんな栄養補給は願い下げです。

でも、実際に胃ろうにするかどうかを決めなければならない時、本人の決断力がすでに失われていたとしたらどうでしょうか。こんな時、家族は意外と、人目を気にして「とりあえずお願いします」などと言いがちです。胃ろうを拒むことで、医者や看護師、さらには知人たちに冷たいと思われはしないか等と体面を気にしてしまうようなところがあるものなのです。だからこそ、家族には、元気なうちから自分の希望を明確に伝えておく必要があるのです。

その10　ワンランク上の紳士淑女は、ボケるべからず

現代を生きる人々がもっとも恐れているもの。それが認知症です。必ずしも医学的根拠があるわけではありませんが、経験則からして、認知症すなわち「脳の萎縮」を防ぐには、意識的に脳を使う「学び」と、本能的に脳を刺激する「遊び」に尽きると思います。

仕事でも趣味でも道楽でもスポーツでもボランティアでも、何だっていいのです。要は、ワクワクドキドキ、ハラハラドキドキするような刺激。これが老化を抑制してくれるのです。なんの刺激もない生活に慣れてしまうと、ボケてないのにボケたようになってしまいがちです。

男性は、奥さんが黄色い声をあげてジャニーズ系アイドルを追いかけ回しても文句を言ってはいけません。男性の場合には、ゴルフであれ、カラオケであれ、クラブ遊びであれ、奥さんは頭ごなしに叱ってはいけません。みんな、もうちょっと遊んでもいいのです。

感情を若々しく保つことが老化予防の基本なのですから。

枯れて、萎《しぼ》んで、ひとり哀しく死んでゆく……。そんな孤独な最期がイヤならば、積極的に社会との関わりを持ちましょう。老人クラブでも趣味のサークルでも何でもいい。すべてはアナタの心の持ち方次第です。年齢を理由に、自分の心にタガをはめるのだけはやめましょう。

もっとも理想的なのは、老いらくの恋の相手を見つけることです。人間には108の煩悩があって、食欲にもまして異性に対する関心や興味は生涯なかなかつきないもの。そうでなければ人類は絶えてしまうわけで、当然といえば当然なのかもしれません。

数多くのシニアと話していて理解したのは、『死ぬまでにもう一度、恋がしたい』と語る人たちがすごく多いということです。長年連れそった配偶者と死別したことで孤独感が強まったり、家庭に自分を理解してくれる人がいないことへ不満を募らせたり、きっかけはそのようなことだと思います。

介護施設等での催しでも、いちばん盛り上がるのはフォークダンスや、男女がペアになるゲームと相場が決まっています。重度の介護状態にある者同士が特別の思い入れを抱くような関係になって、心身の状態が快方に向かうということもよくあることです。杖なしでは歩行できないはずの人同士が、廊下の隅でそっと抱擁していたりするのが恋の力なのです。

性欲を伴おうとそうでなかろうと、恋愛ほど生きていくための意欲やエネルギーを呼び覚ますものはありません。極端な話、エッチをしても赤ちゃんができてしまう心配もありませんから心配無用です。いずれにしても、老いらくの恋には、燃え尽きる前にもうひと燃えする線香花火のような妖艶な美しさがあります。まさしく色恋とは、心身の健康の良薬にちがいない。そう思うのです。

さいごに…で、どよ？

さて、この本でお伝えするのはここまでです。老い先案内人の活動をカラー動画でイメージしてもらえたでしょうか。福祉の世界で成功するための具体的な方法はいかがでしたでしょうか？

パート2『ゴールセット編』でご紹介したのは、私が10年以上にわたって実際に行ってきたビジネスモデルです。ビジネスモデルの基本は、「顧客と商品と収益」ですよね。本編ではなかなかおカネの話ができなかったので、ワンランク上のネクストステージを目指すみなさんのために、少しだけ触れておきますね。

SWCの年収目安ですが、まずは年収1千万円。最終的には月収200万円です。

年収が4千万円を超えてしまうと、せっかく稼いでも納税という年貢をかなり差し出さねばなりません。最高税率である40%が持っていかれてしまいます。所得税にはさまざまな控除がありますが、稼ぎと納税、双方のバランスを考えると、2千万円から2千5百万円の範囲内を落としどころにすべきかな…というのが持論です。

要するに、月収200万円です。これだけあると、日常生活諸経費、老親に係る諸経費、預金を確保してなお、自由に使えるおカネがそこそこ残ります。大好きな本も好きなだけ買えるし、友人たちと旅行に行くのも飲みに行くのも余裕です。

それでいて、ブラックあるいはグレー企業に勤務するようなさまざまな制約もストレスもありません。それどころか、人様から感謝されます。かつて福祉を志した時の純粋な想いを形にして、結果として、ゆとりある生活を過ごすだけのおカネと時間が手に入ります。

SWCとしてスタートラインに立ったら、「第1ステップで年収1千万円、第2ステップで月収200万円」を目指すのが妥当な線かなぁと思います。

ふつう独立起業というと、いわゆるフランチャイズチェーンへの加盟を考えるケースが多いように感じます。しかし、賢明な読者のみなさんには、いくらワンランク上のステージを目指すとはいえ、まさか何百万円も払って、コンビニや学習塾のようなフランチャイズチェーンに加盟して、ロイヤルティを半分以上持っていかれるトホホな道を選択する愚は犯してほしくありません。

それよりも、初期投資ほぼゼロで、稼働時間を自分でコントロールして、ＳＷＣとして地域のシニアに感謝されながら、提供したサービスに見合うキャッシュを手にすることのほうに価値を感じていただけるのではないでしょうか。

正直、私のこうした想いを理解・共有してくださる方が、果たしてどれくらいいるものなのかわかりません。しかし、だからといって、何も行動を起こさない理由にはなりません。そう考えて、みなさんの目に留まるような、かなり非常識なタイトルの本を書くことにしました。

他ならぬあなたであれば、私からの唐突なオファーにも、きっとビビッと感じていただけたはずです。そう信じています。バラ色の未来に向けて、躊躇することなくはじめの一歩を踏み出してください。そして、共にシニアビジネスを革新していきましょう。感度いいみなさんの決断を心待ちにしています。

今回のオファーが、みなさんの前途にとってひとつの可能性の萌芽となることを、心の底から強く強く希望しています。

明治維新のヒーローとなった幕藩の志士たち。彼らの精神的支柱であった吉田松陰がこんな言葉を遺しています。

夢なき者に理想なし。
理想なき者に計画なし。
計画なき者に実行なし。
実行なき者に成功なし。
ゆえに、夢なき者に成功なし。

私から読者のみなさんにエールを贈るとすればこうなります。

さあ。夢に燃えながら、こころの翼で翔んでいけ！

あとがき

私たちは、過去・現在・未来という時間の延長線上を生きています。

過去に食べたもので私たちの躰ができ、過去に学び経験したことで私たちの精神ができているのです。

つまり、過去が現在を作っているということ。ならば、私たちが現在をどう生きるかで、私たちの未来も変わり得るということです。

そう。運命はわたしたちの手中にあると思っていい……。


過去を変えることはできませんが、未来を変えることはできます。

他者を変えることはできませんが、自分を変えることはできます。

性格を変えることはできませんが、行動を変えることはできます。


さて、そこのあなた。

まだそこにとどまりますか？

もうそろそろ、つぎをねらってもいいのではないですか？

さあ。ともに進みましょう。
ワンランク上のステージへ。

山崎　宏（やまざき ひろし）

社会福祉士、医業経営コンサルタント。NPO法人「二十四の瞳」理事長。

1961年東京都生まれ。慶應義塾大学経済学部卒業。

日本IBMにて営業職を務めたのち、介護保険スタートの2000年に医療・福祉の世界へ転身。コンサルティングファーム、医療メディア、複数の病医院に勤務。2006年にNPO法人「二十四の瞳」を立ち上げ、2011年より独立。

高齢者向けの相談サービス「コマホ」（累計相談件数6000件超）等を通じ、老い支度全般の支援を行う。

2018年からは、定期的に認定資格SWCの養成講座を開催予定。

著書に『「老健」が、親の認知症からあなたを救う! 一特養、サ高住、老人ホームはやめなさい』『家族みんながハッピーになる 高齢者ホームの探し方 』（小社刊）、『誰も教えてくれない“老老地獄”を回避する方法 老親・配偶者が「あれっ?何か変だな」と思ったら』（ごま書房新社）がある。


福祉で稼ぐ!

終活ニュービジネスで年収1000万円

2017年11月9日　第1版1刷発行

著　者　　山崎　宏
発行者　　玉越直人
発行所　　WAVE出版
〒102-0074　東京都千代田区九段南3−9−12
Tel:03-3261-3713　Fax:03-3261-3823
振替　00100-7-366376
E-mail:info@wave-publishers.co.jp
http://www.wave-publishers.co.jp

印刷・製本　株式会社ウイル・コーポレーション

NDC916 192p 19cm
ISBN978-4-86621-087-2